W0179226

GERHART BAUM
MENSCHENRECHTE

GERHART BAUM
MENSCHENRECHTE

Ein Appell

FSC
www.fsc.org
MIX
Papier aus ver-
antwortungsvollen
Quellen
FSC® C014138

1. Auflage
© 2022 Benevento Verlag bei Benevento Publishing München – Salzburg,
eine Marke der Red Bull Media House GmbH, Wals bei Salzburg

Medieninhaber, Verleger und Herausgeber:
Red Bull Media House GmbH
Oberst-Lepperdinger-Straße 11–15
5071 Wals bei Salzburg, Österreich

Satz: MEDIA DESIGN: RIZNER.AT
Gesetzt aus der Palatino, Radikal, Helvetica Neue LT W1G
Umschlaggestaltung: Benedikt Lechner
Umschlagmotiv: Amac Garbe, Dresden
Autorenillustration: © Claudia Meitert / www.carolineseidler.com
Printed by Finidr, Czech Republic
ISBN 978-3-7109-0158-4

INHALT

PROLOG

Als ich anfing, dieses Buch zu schreiben, lebte ich in einer anderen Welt. Dann überfiel Russland die Ukraine, und die Welt der Menschenrechte und des Völkerrechts, die eine Art Lebensgerüst für mich bildete, kam ins Wanken. Diese Weltordnung ist so gefährdet wie seit dem Ende des Zweiten Weltkriegs nicht mehr, obwohl sie in den Jahrzehnten danach vielen Herausforderungen ausgesetzt war und vielerorts immer noch ist. Aber sie hatte im Kern Bestand und blieb der Maßstab. Das ist jetzt Geschichte.

Der russische Aggressor setzt sich ganz offen über die UN-Charta von 1945 hinweg, über das Gewaltverbot, über die Ächtung des Krieges. Ihn interessiert diese Friedensordnung überhaupt nicht, auch nicht die mit Russlands Zustimmung geschlossenen Verträge: die »Charta von Paris« aus dem Jahr 1990. Diese hat nach dem Fall der Sowjetunion eine Friedens- und Freiheitsordnung etabliert, der die 35 Staaten des Helsinki-Abkommens von 1975 zugestimmt haben, sowohl aus Ost als auch aus West, von

Vancouver bis Wladiwostok. Noch deutlicher und umfassender wurde diese Ordnung von 171 Staaten einmütig auf der Weltkonferenz über Menschenrechte in Wien 1993 bestätigt, mit aktiver Unterstützung Russlands. Selbst die Sowjets hielten sich an Verträge, etwa an das Vertragssystem der Ostverträge. Für Putin gilt das alles nicht mehr. Auch nicht die völkerrechtliche Zusicherung, dass die Grenzen unangetastet bleiben. Putin sieht sich als Vollstrecker einer »historischen Mission«. Er wähnt sich vom Schicksal beauftragt, Großrussland wiederherzustellen, in dem Ukraine und Belarus keinen Platz haben. Er kämpft gegen den angeblich gottlosen dekadenten Westen und strebt eine neue Weltordnung an. Die NATO fürchtet er dabei nicht. Was er fürchtet, ist die Freiheit: die Freiheitsbewegungen des Maidan in der Ukraine und die in Belarus – und natürlich auch die im eigenen Land, zuletzt wirkungsvoll angeführt von Alexej Nawalny.

Als ständiges Mitglied des UN-Sicherheitsrats verhindert Russland jedwede Verurteilung des Krieges durch ein Veto. Den Verteidigern der UNO-Charta droht Putin sogar mit dem Einsatz von Atomwaffen. Es gibt kein Politbüro mehr, dem er Rechenschaft schuldig wäre und das ihn stürzen könnte. Die Welt scheint der Willkür des Kreml-Chefs regelrecht ausgesetzt.

Ein gefährlicher Umstand kommt verschärfend hinzu: Putin ist keineswegs isoliert. Er hat, aus ganz unterschiedlicher Motivation, Verbündete im Kampf um eine neue Weltordnung, an erster Stelle China. Eine eindrucksvolle Mehrheit in der Generalversammlung hat den Angriffskrieg zwar verurteilt; eine ganze Reihe anderer sehr wichtiger Staaten sieht in ihm allerdings keinen Stein des Anstoßes, sondern möchte ein Gegengewicht bilden zu einer – wie sie es sehen – amerikanisch geführten Machtallianz. Dazu gehören so unterschiedliche Staaten wie Indien, Brasilien, Südafrika und weitere afrikanische Staaten – zahlenmäßig bilden sie die Mehrheit der Weltbevölkerung ab.

Ich halte es für eine wichtige Aufgabe Europas, diese Staaten für die Rückkehr zu einer regelorientierten Weltordnung zu gewinnen. Im Kern stehen wir inmitten einer historischen Kontroverse zwischen autoritären und demokratisch verfassten Gesellschaften und vor einer historischen Auseinandersetzung zwischen China und den USA.

Ich habe selbst eine tiefe Beziehung zu Russland und seinen Menschen, auch zur Ukraine. Mein Großvater mütterlicherseits wurde in Charkow geboren, meine Mutter in Moskau. Die Familie floh 1917 vor der Revolution nach Berlin. Ich habe eine enge emotionale Bindung an dieses Land. Umso zorniger macht es mich, dass sich Geschichte zu wiederholen droht. Es war Churchill, der 1941 seine Landsleute gegen Hitler eingeschworen und ihnen Opfer abverlangt hat. Verständigung mit dem Diktator hielt er für ausgeschlossen. Ich setze Putin und seine Kumpane nicht mit Adolf Hitler gleich, aber die von ihnen zu verantwortenden Verbrechen eines Angriffskrieges, die Verbrechen gegen die Zivilbevölkerung bei jeglicher Missachtung des humanitären Völkerrechts sind vergleichbar. Nach allen Regeln des Völkerrechts ist Putin ein Kriegsverbrecher. Und sein Angriffskrieg gegen die Ukraine wird zur Anklage führen – aber wann?

Die Schockwellen dieses epochalen Bruchs des Völkerrechts haben bei mir Spuren hinterlassen. Und sie haben auch dieses Buch über die Menschenrechte verändert. Als wir das Buch zu konzipieren begannen, war die Situation in Russland zwar sehr präsent, aber dennoch eines von vielen Themen, die im Buch behandelt werden sollten. Durch den Angriff steht sie nun im Mittelpunkt. Mehr noch: Der Ukrainekrieg überschattet das ganze Thema »Menschenrechte«. Gleichwohl werden die anderen Brennpunkte dadurch nicht verdrängt. Zu Teilen sind sie auch untrennbar miteinander verbunden. Vielmehr ist es gerade jetzt, so meine ich, essentiell, die Grundlagen der menschenrechtsbasierten Weltordnung, ihre Entstehung und ihre Praxis sichtbar zu machen.

Lese ich meine zu Beginn des Krieges verfassten Schlussfolgerungen, so wirken diese zu optimistisch. Obwohl wir wussten – und ich habe es jedes Mal nach meiner Rückkehr aus Russland zum Ausdruck gebracht: Dort stirbt die Freiheit, und die imperiale Aggressionslust ist ungebrochen. Aber dass ein Vernichtungskrieg bevorstand, das war für mich nicht absehbar. Wir hätten uns nie gutgläubig in eine solche Energieabhängigkeit von Russland begeben dürfen – ein fundamentaler Fehler der deutschen Außenpolitik, eigentlich der schlimmste seit 1945.

Auch möchte ich heute mehr denn je auf die Gutgläubigen einwirken, die immer noch nicht in der Realität angekommen sind und der Ukraine in bevormundender Arroganz vorschreiben möchten, wie sie sich zu verhalten hat. Viele, die Frieden fordern, machen sich Illusionen über den Preis. Sie sollten sich vor Augen führen: Die Besetzung der Ukraine durch Russland bedeutet nicht nur die Vernichtung der Existenz eines Landes, sondern vor allem die Auslöschung der Demokratie. Und selbst wenn irgendeine Lösung in der Ukraine gefunden wird: Der Kampf ist nicht entschieden, bis Putin-Russland Geschichte ist. Nicht Russland führt den Krieg, sondern seine diktatorische Führung. Wer sich deren Mission vor Augen führt, kann sich nicht darüber hinwegtäuschen, dass sie sich mit Teilerfolgen nicht zufriedengeben wird. Unruhestifter ist Russland ja schon an verschiedenen Brennpunkten der Welt und stets auf der Seite von Diktatoren, man denke nur an Syrien.

Je länger ich über den Ukrainekrieg und die daraus erwachsende politische Lage nachdenke, desto mehr bin ich davon überzeugt, dass daraus die zentrale Botschaft, der zentrale Appell dieses Buches erwächst: Verteidigen wir mit Zähnen und Klauen die auf der Menschenwürde und der Friedenssicherung gegründete Weltordnung. Denn das ist das, was auf dem Spiel steht. Kämpfen wir gegen die Vernichtung demokratischer Strukturen in der Welt. Eine entschiedene Politik gegen die Klimakatastrophe – die nach wie vor drängendste Herausforderung unserer Zeit – ist nur bei einer einigermaßen stabilen politischen und ökonomischen Weltlage möglich. Und nur mit aktiver Beteiligung der Demokratien.

Köln im September 2022

1

MEIN WIRKEN FÜR DIE MENSCHENRECHTE

Ich blicke auf die Zeit meines Lebens zurück – neun Jahrzehnte. Abgesehen von den letzten Jahren des Zweiten Weltkriegs war es hierzulande eine Zeit in Frieden und in wachsendem Wohlstand – bei allen Herausforderungen und Krisen. Es sind die Kriegsbilder, die mich als Junge am Anfang meines Lebens erschüttert haben und die mich jetzt am Ende meines Lebens wieder erreichen – eine Steigerung nach vielen anderen schrecklichen Bildern der letzten Jahrzehnte. Im zerstörten Mariupol widerspiegelt sich mein Kriegsbild des zerstörten Dresden.

Für die Wehrpflicht kam ich als sogenannter »weißer Jahrgang« nicht mehr infrage. Ich habe also nie eine Waffe getragen. Ich musste auf keinen Menschen schießen. Aber um mich herum gab es Mord und Totschlag. Mein Blick richtet sich zurück auf den mörderischen Ersten Weltkrieg. Mein Großvater wurde gleich zu Beginn im Schützengrabenkrieg Opfer einer französischen Kugel. Meine Großmutter wurde früh zur Kriegerwitwe, wie auch meine Mutter im Zweiten Weltkrieg. Beide Männer wurden weniger als halb so alt, wie ich es heute bin.

Mein Blick richtet sich auf den sinnlosen gewaltsamen Tod von Abermillionen von Menschen seit meiner Geburt im Jahr 1932. Zwischen 1933 und 1945 wurden allein vierzehn Millionen in den Territorien ermordet, die unter deutscher oder sowjetischer Herrschaft standen, also in Polen, Weißrussland, der Ukraine, in den baltischen Staaten. Die schreckliche Bilanz nationalsozialistischer Vernichtungspolitik und stalinistischer Terrorkampagnen. »Bloodlands« nennt der US-amerikanische Historiker Timothy Snyder diese Territorien in seinem gleichnamigen Buch und beschreibt die ukrainische Hungersnot, die Deportationen, den Massenterror und die Mordexzesse der Nazis. Viele Millionen Menschen hatten keine Chance gehabt, ihr Leben zu leben. Vielfach gab es keine Hinterbliebenen – und wenn, dann mussten sie ein neues Leben aufbauen. Viele waren für ihr Leben traumatisiert.

Es war auch die Mahnung »Nie wieder Diktatur«, die mich, das Kriegskind und den Halbwaisen, zur Politik gebracht hat. Es war ganz entschieden Thomas Mann mit seinen Reden und seinem Roman *Dr. Faustus*, in dem er der Ursache der Katastrophe nachspürt, der mich motiviert hat, für das »andere Deutschland« zu kämpfen, das wir seit 1945 mithalfen, aufzubauen. So wie es ein »anderes Deutschland« gab, so wird es auch ein »anderes Russland« geben.

Der Zweite Weltkrieg forderte Schätzungen zufolge mindestens 55 Millionen Tote. Hinzu kommen 500 000 alliierte Soldaten und Millionen andere, vor allem japanische Opfer aus dem Pazifikkrieg gegen das aggressive Japan. Wie viele Familien allein in der damaligen Sowjetunion haben Väter und Söhne verloren. Als Sohn einer Russin ist mir besonders das Schicksal der osteuropäischen Zwangsarbeiter nahe. Die Russen unter ihnen – ihre Hinterbliebenen und die Überlebenden – habe ich gegen die zunächst wiedergutmachungsresistente Bundesrepublik vertreten. Die Opfer unter den Westalliierten sind zu nennen und natürlich die Opfer in der Zivilbevölkerung in allen europäischen Ländern. Vor Kurzem stand ich zum ersten Mal vor amerikanischen Soldatenfriedhöfen in der Normandie. Es war ein furchtbarer Blutzoll, den die Befreier entrichteten.

Es sind nicht nur die Toten des Krieges in den Blick zu nehmen. In diesen Jahren wurde die Freiheit in vielen Ländern brutal unterdrückt, auch in unserem Land. Und das hörte 1945 nicht auf. Es ging weiter in Ostdeutschland und in Osteuropa. Diese Menschen waren jahrzehntelang, bis 1989, unterjocht.

Der Mensch hat die »Freiheit, frei zu sein«, daran erinnert uns Hannah Arendt. Welche Sehnsucht nach Freiheit hat uns junge Menschen nach 1945 bewegt, welche Sehnsucht nach Weltoffenheit, nach einem geeinten und friedvollen Europa! Befeuert wurden wir durch die Kunst, die zeitgenössische Musik, die neuen Bewegungen in der bildenden Kunst (den Expressionismus), die Exilliteratur und durch Menschen, die uns diese weltläufige Kultur näherbrachten. Rowohlt druckte Faulkner-Romane im Zeitungsformat.

In vielen meiner Begegnungen mit Menschen, die in Diktaturen nicht frei sein konnten, habe ich immer wieder die gleiche Feststellung gemacht: In den Menschen steckt ein unbändiger Freiheitswille, auch wenn manche sich allzu schnell unterwerfen. Sie wollen sich, wie auch immer, selbst verwirklichen. Sie haben nur dieses eine Leben – und dieses Glück wird ihnen allzu oft genommen. Der Wille, frei zu leben, ist jedem Menschen eingeboren. Da gibt es keine Unterschiede nach Kulturen oder Religionen, wie uns manche Machthaber glauben machen wollen.

Mit dieser festen Überzeugung im Herzen habe ich mich 1982, nach dem Regierungswechsel, als ich als Innenminister aus der Regierungspolitik ausgeschieden bin, verstärkt den Menschenrechtsproblemen zugewandt, etwa in der von Militärregierungen beherrschten Türkei und in Griechenland – sehr oft gemeinsam mit meinem Freund und Mitstreiter Burkhard Hirsch und bisweilen auch mit Hildegard Hamm-Brücher.

Ein besonderes Augenmerk richteten wir auf Südafrika. Das Apartheid-Regime beging dort und in Namibia mit einem gewalttätigen, rigorosen Rassismus schwere Verbrechen gegen die Menschlichkeit. Es gibt nicht den geringsten Anlass, sie jetzt mit der Situation in Israel zu vergleichen, wie Amnesty International das tut (überhaupt, das sei am Rande erwähnt, ist das Londoner Büro von Amnesty auf Abwegen, wenn es den Aggressor Russland mit dem Verteidiger Ukraine gleichsetzt).

Wiederholt waren wir in enger Abstimmung mit dem damaligen Außenminister Hans-Dietrich Genscher vor Ort und auch in anderen Staaten Afrikas. Wir wollten die Menschenrechtsverteidiger dort ermutigen, ihnen zeigen, dass wir auf ihrer Seite stehen. Es waren kleine Schritte. Einige unserer Gesprächspartner in Südafrika wurden ermordet. Heute sind Straßen nach ihnen benannt. Wir waren Teil einer weltweiten Anti-Apartheid-Bewegung und gleichzeitig auch »Botschafter« eines Landes, das aus seiner Geschichte gelernt hat. Das galt nicht für alle. So wurde das dortige Regime immer noch von einigen deutschen Politikern unterstützt, unter anderem von Helmut Kohl. Ganz anders Richard von Weizsäcker und Norbert Blüm, denen wir regelmäßig aus Südafrika berichteten. Oder auch Günter Verheugen. Marion Gräfin Dönhoff – den Preis, der ihren Namen trägt, habe ich 2020 mit großer Freude entgegengenommen – hat sich ebenfalls immer wieder besonders überzeugend positioniert.

Mein noch systematischerer Einsatz für die Menschenrechte begann 1992, als Hans-Dietrich Genscher mich zum Leiter der Deutschen Delegation in der Menschenrechtskommission in Genf bestimmte. Es war und ist das zentrale Gremium der Völkergemeinschaft, in der die Menschenrechtssituation weltweit behandelt wird. Meine Rolle war vergleichbar mit der des Menschenrechtsbeauftragten im Auswärtigen Amt heute. Dieser Einsatz über viele Jahre hat mir den Blick auf die Welt weit geöffnet. Viele Monate im Jahr war ich auf Reisen, um mit den Unterdrückern *und* den Unterdrückten zu sprechen und anschließend Mehrheiten für kritische Resolutionen mitzuorganisieren. Immer wurde ich hervorragend beraten von engagierten deutschen Diplomaten. In Genf war es Michael Schäfer, der spätere deutsche Botschafter in China. Höhepunkt meiner Arbeit in diesem Bereich war die Leitung der deutschen Delegation auf der zweiten Weltkonferenz für Menschenrechte 1993 in Wien, übrigens der letzten dieser Art. Sie hat die Menschenrechtspolitik in heute nicht mehr zu erreichender Einmütigkeit ein ganzes Stück nach vorn gebracht. Wie weit sind wir heute davon entfernt!

Im Anschluss an diese Aktivitäten – mit Beginn der Schröder-Regierung endete meine Aufgabe – wurde ich 2001 für zwei Jahre von der UNO zum Berichterstatter zur Situation im Sudan gewählt. Viele Male habe ich den Sudan bereist und andere Staaten Afrikas. Schließlich war ich dem sudanesischen Regime mit meiner kritischen Stimme so unangenehm, dass sie 2003 eine Verlängerung des Mandats verhinderten. Meine Berichte sind jetzt auch Grundlage für Anklagen im Völkerstrafrecht, so gegen den abgesetzten Diktator Omar al-Bashir und gegen die Manager der schwedischen Ölfirma Lundin Energy, die an Menschenrechtsverletzungen beteiligt gewesen sein soll. Zu meinen größten Enttäuschungen gehört allerdings, dass unsere Unterstützung der Kräfte im Südsudan – sie erhielten einen eigenen Staat – dazu führte, dass sie sich, mordend und korrupt, genauso verhielten wie ihre Unterdrücker aus Khartum.

Das politisch-institutionelle Engagement hat sich dann in den letzten Jahren auf privater Ebene fortgesetzt: Meine Frau Renate Liesmann-Baum und ich haben eine gemeinnütze Stiftung gegründet, die als Schwerpunkt Menschenrechtsaktivitäten im Blick hat. Alle zwei Jahre vergeben wir einen mit 10 000 Euro dotierten Menschenrechtspreis.

Die Menschenrechte haben es schwer, jetzt ganz besonders. Aber der Kampf war nicht vergebens. Ich bin zeitlebens ein Menschenrechtspraktiker, ein Menschenrechtsaktivist gewesen – immer wieder auch motiviert durch Einzelschicksale. Ich sehe sie noch vor mir, die verängstigten Kindersoldaten im Sudan, mit schweren Maschinenpistolen auf dem Rücken, die sie kaum tragen konnten. Abgerichtet zum Töten. Ich bin vor einem Schicksal dieser Art durch die Zerstörung Dresdens 1945 bewahrt worden. Ich war schon gemustert und wäre wohl für den »Volkssturm« einberufen worden, hätte der Krieg länger angedauert.

Viele Fortschritte, vieles wurde verhindert, vieles endlich geahndet. Aber Morden und Unterdrückung in allen Teilen der Welt, das ging und geht weiter. Aus der Vergangenheit kennen wir den schrecklichen Blutzoll im stalinistischen Russland, in China unter Mao, die Völkermorde in Armenien, später in Kambodscha, Ruanda, Srebrenica, Darfur. Heute blicken wir auf Syrien. Millionen wurden vertrieben, Hunderttausende getötet, Unzählige gefoltert. Flüchtlingselend und Flüchtlingskrisen erschüttern die Welt. Autoritäre Nationalisten sind auf dem Vormarsch. Demokratien schwächeln weltweit. Liest man die Allgemeinen Erklärung der Menschenrechte, erkennt man die Defizite in der Realität.

Dennoch gab es in den letzten Jahrzehnten eine aktive Politik zur Stärkung der Bürgerrechte wie auch auf dem Feld der sozialen und wirtschaftlichen Menschenrechte. An diesem Themenkomplex kommt die Völkergemeinsaft und die internationale Politik längst nicht mehr vorbei. Denn: Wer dem Hungertod ausgesetzt ist, dem nutzt die Berufung auf die bürgerlichen Menschenrechte nicht viel. Auch hierzulande ist der Wille, Menschenrechte zu verteidigen, sichtbar stärker geworden. Dies zeigt die große Hilfsbereitschaft der Deutschen gegenüber den ukrainischen Geflüchteten.

Ich möchte mit diesem Buch die Erfahrungen, die ich in vielen Jahren in UNO-Gremien und überall auf der Welt vor Ort gesammelt habe, weitergeben. Ich wünsche mir, dass die Menschheit angesichts dieser Bedrohungen zur Besinnung kommt. Es sind weltweite Bedrohungen, an der Spitze der Klimawandel, immer noch Covid, es sind die Flüchtlingsströme, der Ukrainekrieg und seine unabsehbaren Folgen, die digitale Globalisierung mit all ihren Vor- und Nachteilen. Es ist eigentlich unfassbar: Wir haben so vieles gewusst und wissen so vieles und haben einfach so weitergelebt in einer brüchigen, allzu bequemen Normalität. Und tun es nach wie vor.

Weiter möchte ich beschreiben, wie die »Herrschaft des Rechts« sich entwickelt hat und funktioniert. Das Recht ist stärker geworden, seine Durchsetzung stockt aber immer wieder. Ich nehme auch Bezug auf unser Grundgesetz – es ist wie andere Verfassungen stark von der Allgemeinen Erklärung der Menschenrechte beeinflusst. Der Artikel 1 unseres Grundgesetzes stellt die Verfassung unter das sittliche Prinzip der Menschenwürde, wie es auch der Allgemeinen Erklärung der Menschenrechte zugrunde liegt. »Die Würde des Menschen ist unantastbar. Sie zu achten und zu schützen ist Verpflichtung aller staatlichen Gewalt.« Die Verpflichtung prägt unsere freie Gesellschaft. Es ist eine Verpflichtung, die alle »staatliche Gewalt« nicht nur hierzulande, sondern überall und bei jeder Gelegenheit erfüllen muss. Es ist ein Verfassungsauftrag an unsere Politiker zu einer aktiven Menschenrechtspolitik auf der Basis der Allgemeinen Erklärung der Menschenrechte. Das Grundgesetz bekennt sich ausdrücklich zu den »unveräußerlichen und unverletzlichen Menschenrechten«. Ich werde versuchen darzustellen, wie dieser Verfassungsauftrag in unterschiedlichsten Situationen wahrgenommen werden sollte.

2

ANSPRUCH UND WIRKLICHKEIT – ZUR LAGE DER MENSCHENRECHTE HEUTE

Wir stehen heute vor der fundamentalen Frage: Ist die Völkerrechtsordnung, die nach der schrecklichen Barbarei des Zweiten Weltkriegs etabliert und immer weiter ausgebaut wurde, noch zu retten? Die Zahl der Demokratien nimmt seit 2006 ständig ab. Nun ist eine Demokratie von einer Diktatur überfallen worden. Der Angriffskrieg ist ein Anschlag auf die wertegebundene Weltordnung, wie wir sie verstehen.

Was bedeutet das für die Menschenrechtspolitik weltweit? Ein *business as usual* kann es nicht mehr geben, auch hierzulande nicht. Prioritäten haben sich verschoben, lange geglaubte Gewissheiten gelten nicht mehr. Der Wirtschaftsminister einer pazifistischen Partei musste in die Vereinigten Arabischen Emirate reisen, in ein Land staatlicher Willkür ohne freie Wahlen, und um Gas werben, damit wir im Winter nicht frieren.

Der Krieg in der Ukraine hat Auswirkungen auf die Menschenrechtslage weltweit, auf die Wirtschafts- und Wohlstandsentwicklung, auf die Ernährungssituation, auf die Energieversorgung. Es wird zu Hungersnöten andernorts kommen, denn die Ukraine, eine Kornkammer der Welt, kann während des Krieges nur in begrenztem Umfang Landwirtschaft betreiben beziehungsweise Getreide exportieren, weil Russland das behindert. Europa hat bereits viele Flüchtlinge aufgenommen. Wie lange wird die bisher beeindruckende Akzeptanz dafür anhalten?

Lässt sich der Rückgang der demokratischen beziehungsweise freiheitlichen Strukturen weltweit in Zahlen fassen? »Freedom House« ist eine Organisation, die seit 1972 jährlich einen Bericht über die Situation der Freiheit in der Welt und in den einzelnen Staaten – auch Deutschland – veröffentlicht. 2005, so stellt Freedom House fest, lebten 46 Prozent der Weltbevölkerung in freien Gesellschaften, 2021 waren es nur noch 21 Prozent – die niedrigste Zahl seit 1997. Dieses Ergebnis muss man natürlich aufschlüsseln, um die Schwerpunkte des Rückgangs identifizieren zu können. Und man muss differenzieren nach dem Grad der Freiheitseinschränkungen. Es besteht allerdings kein Zweifel, dass Diktaturen, autoritäre Regierungen und Populisten an Boden gewinnen – diesen Trend spüren wir ja auch in der täglichen Politik. Eine negative Entwicklung erleiden besonders die bevölkerungsreichsten Länder der Erde.

Freedom House »misst« die Demokratie mit einem Index, der besonders politische Rechte und bürgerliche Freiheiten bewertet. China mit rund 1,4 Milliarden Einwohnern erreicht nur 9 von 100 Punkten dieser Freiheitsskala, Indien mit etwa gleich viel Einwohnern 49 von 100 Punkten (zum Vergleich: Deutschland erreicht 94 von 100 Punkten). Die sogenannte Freie Welt umfasst demgegenüber nur rund eine Milliarde Menschen in den Staaten der Europäischen Union (ca. 450 Millionen Einwohner), Großbritannien (ca. 70 Millionen), Australien und Kanada (ca. 70 Millionen), Japan (125 Millionen) und den USA (330 Millionen).

Über die Wirtschaftskraft, über die Stabilität, über die Verteidigungsfähigkeit der freien Gesellschaften ist damit noch nichts ausgesagt. Auch nicht über die wirtschaftlichen und sozialen Bedingungen, unter denen die Menschen leben, und auch nicht darüber, welche Defizite an Freiheit in den Demokratien bestehen und wie heftig die Unterdrückung der Freiheit in den Diktaturen im Einzelnen ist. Man muss genauer hinsehen.

Es gibt Staaten, die aktuell von Gewalt und Unterdrückung geprägt sind. Ich nenne sie »brennende Staaten«. Dazu gehört beispielsweise Myanmar, wo die Opposition heroisch kämpft. Tief erschüttern die Todesurteile, die gegen die jungen Freiheitskämpfer verhängt werden. Todesurteile in großer Zahl auch in Iran. Hier herrscht eine korrupte religionsorientierte Oligarchie, die jegliche Form von Widerstand unterdrückt. Die iranischen Freiheitskämpfer in Deutschland haben meine Sympathie, ich habe sie wiederholt unterstützt, auch zusammen mit Rita Süssmuth und anderen, durch verschiedene Aktionen, etwa bei einer Großkundgebung vorm Brandenburger Tor.

Ganz schwierig hingegen ist die Situation in sogenannten »zerfallenden Staaten«, in denen es rivalisierende, sich bekämpfende Gruppen gibt und keine Staatsautorität. Somalia und Libyen sind zu nennen. Viele Fragen an die internationale Menschenrechtspolitik wirft das Fiasko in Afghanistan auf, das der Westen mit seinem Abzug den Taliban überlassen hat. Es ist versäumt worden, dort eine politische und militärische Infrastruktur mit einer stabilen, nicht korrupten Regierung aufzubauen. Ich weiß nicht, ob es je gelungen wäre. Der Rückfall jetzt ins Archaische ist erschütternd. Ab zwölf Jahren dürfen Mädchen nicht mehr in die Schule. Die Hälfte der Bevölkerung hungert. Jegliche Freiheit wird unterdrückt.

Auch die Corona-Pandemie trug zur Verschlechterung der Menschenrechtslage weltweit bei. Vor allem die Entwicklungsländer litten unter einer globalen Impf-Ungerechtigkeit. Laut *Amnesty International Report* von 2022 horteten die wohlhabenden Länder Millionen Impfdosen mehr, als sie verbrauchen konnten. Um die Pandemie zu bekämpfen, mussten sich viele Entwicklungsländer weiter verschulden. Und in manchen Ländern, wie China und Iran, lieferten die Corona-Maßnahmen den Vorwand, um das Versammlungs- und Demonstrationsrecht weiter einzuschränken.

DIE LAGE IN RUSSLAND

In Putins Russland, das schon lange keine freie Gesellschaft mehr ist, gab es Anfang der Nullerjahre noch große Hoffnung auf einen Aufbruch. Allerdings griffen schon bald wieder autoritäre Strukturen: Schritt für Schritt wurden freie Wahlen verweigert und die Meinungsfreiheit eingeschränkt. Inzwischen wird jede Freiheitsregung im Land brutal unterdrückt. Ein totalitärer Propagandaapparat verbreitet fortwährend Lügen. Wie wir heute wissen, war auch das Teil der Kriegsvorbereitungen. Wer das Wort »Spezialoperation« in Gänsefüßchen schreibt, muss mit Geldstrafe rechnen, wer den Angriffskrieg in Russland beim Namen nennt, kommt ins Gefängnis. Ein falsches Emoji kann zum Verhängnis werden. Menschenrechtsverteidiger und Regimekritiker werden umgebracht oder wie Michail Chodorkowski und Alexej Nawalny lange Jahre weggesperrt; ihre Organisationen werden zerschlagen.

Steht die Bevölkerung generell hinter dem Kriegsverbrecher? Umfragen legen das nahe. Aber wie ernst kann man Umfragen nehmen, wenn die Befragten nicht annähernd über die Lage informiert sind, wenn sie aufgehetzt werden gegen ein Feindbild? Stellte man ihnen die Frage »Wohlstand oder Krieg?«, würde das Ergebnis ganz anders ausfallen. Putin kleidet seine Propaganda in den Erlösermythos eines Anführers, der seine Untertanen vor den Bösen, vor den Nazis, den Gottlosen und vor der Dekadenz des Westens rettet. Seine historische Mission, die er sogar öffentlich äußert, will das alte Russland aus der Zeit Peters des Großen wiederherstellen. Putin ist nicht Hitler, aber die historisch angelegte Untermauerung einer geopolitischen Einflusszone folgt Hitler'schen Fantasien. Mit dieser falschen historischen Sicht verführt er sein Volk, wie es Hitler tat.

Es ist nicht auszuschließen, dass Teile der Bevölkerung selbst dann auf seiner Seite wären, wenn sie die Wahrheit wüssten. Aber es spricht einiges dafür: Viele sind verführt oder eingeschüchtert. Der Widerstand ist vorerst gebrochen. Es gibt derzeit keinen offenen Protest in Russland. Nach den Gräueltaten von Butscha war keine Reaktion der Bevölkerung zu vernehmen. Natürlich nicht. Sie wurde belogen. Und wie hätte sich der Protest überhaupt äußern können in einem Land unterdrückter Meinungsfreiheit? Die Medien sind streng reguliert, Demonstrationen verboten. Schon lange kontrolliert die russische Staatsmacht das Internet (auch wenn der Zugang zu freiem Netz nicht gänzlich abgeschnitten ist und beispielsweise das Netzwerk von Nawalny lebhaft kommuniziert).

Ich habe die Vernichtung der Demokratie in Russland hautnah erlebt. In den letzten Jahren unternahm ich »Lesereisen« mit meinem Buch *Rettet die Grundrechte*, das bereits 2009 erschienen ist und in einige Sprachen übersetzt wurde. Ich war zu Gast in der Ukraine, in Georgien, in der Türkei, aber eben auch in Russland. Bis 2019 konnte ich, eingeladen von der Friedrich-Naumann-Stiftung, mit oppositionellen Russen über die Themen des Buches in öffentlichen Veranstaltungen überall im Land diskutieren, einmal sogar in unmittelbarer Nähe des Kremls (diese intensiven Kontakte hat Julius Freiherr von Loringhoven aufgebaut, der damals das Stiftungsbüro in Moskau geleitet hat). Danach nicht mehr. Ich bin als »ausländischer Agent« klassifiziert worden, meine Publikationen sind inzwischen verboten. Ebenso die Institutionen, mit denen ich zusammengearbeitet habe, wie etwa Memorial. Die Menschenrechtsorganisation hatte es sich zur Aufgabe gemacht, die dunkle Vergangenheit Russlands zu erforschen. Ich habe in Moskau beispielsweise eine von Memorial eingerichtete Ausstellung über den »Gulag« besucht. Viele Russen wissen darüber nichts oder nur wenig.

Vor drei Jahren habe ich mit russischen De-
monstranten im Hotel National zu Mittag ge-
gessen. Sie waren grün und blau geschlagen.
Krankenhäuser haben ihre Behandlung verweigert. Ihre Begleiter waren inhaftiert.

Sind die Russen dem Unrecht gegenüber
gleichgültig? Ich widerspreche. Ich glaube, die
Russen sind nicht mehr oder weniger unterwer-
fungsbereit als andere Gesellschaften. Russland
ist anders als das Putin-Regime. Orientieren
wir uns doch an jenen, die ihr Land kennen, an
Schriftstellern wie Wladimir Sorokin, Wiktor
Jerofejew oder Katja Petrowskaja, an dem Re-
gisseur Kirill Serebrennikow oder an Alexei
Nawalny. Wenn wir auf sie hören, erfahren wir
etwas über die »russische Seele«. Es ist eine
oft gehörte Legende, dass Russland nicht fähig
sei zur Freiheit. Eine arrogante Position. Zehn-
tausend junge Russen verlassen das Land, weil
sie keine Zukunft in Freiheit sehen. Zudem
hatten die Russen nur wenig Gelegenheit dazu
in der langen Zeit der sowjetischen Diktatur. Wie
die Demokratie in Russland aufgeblüht ist, das
haben wir nach der politischen Öffnung von 1990
gesehen. Dennoch, die Demokratie muss in den
Strukturen des Landes verankert werden.

Es bleibt aber ein letzter Rest Irrationalität.
Warum haben die Menschen nach Stalins Tod
geweint? Derselbe Stalin, der das Land geführt
hat, um die nationalsozialistische Schreckens-
herrschaft zu beenden, errichtete ein blutrüns-

tiges Schreckensregime, das Millionen Opfer forderte. Die Sowjets unterdrückten fünfzig Jahre lang Osteuropa und die DDR. In Russland wurde der Tyrann geliebt, nahmen Abertausende Russen bei seinem Tod 1953 unter Tränen Abschied. Warum? Doch wohl nicht, weil er Millionen in der Ukraine verhungern und seine politischen Gegner umbringen ließ. Darüber waren die trauernden Menschen wohl nicht genau informiert. Offenbar war ein »Wärmeband« zwischen dem Diktator und den trauernden Menschen entstanden durch das »gemeinsame Erleiden« schlimmer Jahre.

Ich erinnere mich in diesem Zusammenhang an einen anderen Todesfall, bei dem die Menschen geweint haben. Nach der Ermordung Kennedys im Jahre 1963 zogen wir spontan in einem großen Trauerzug durch Köln. Wir wussten, wen wir verloren hatten, und wir konnten unseren Schmerz begründen: Wir betrauerten einen aufrechten Demokraten.

Und nun kehrt Putin zu dieser befremdlichen Verklärung des Stalin-Regimes zurück – ganz anders als etwa Chruschtschow, der sich 1956 in einer historischen »Geheimrede« von den stalinistischen Verbrechen distanzierte. Putin wird niemals eine demokratisch-freie, wirtschaftlich prosperierende Ukraine neben sich dulden. Solange er an der Macht ist, muss er dauerhaft isoliert werden. Ein »Weiter so« mit einem Kriegsverbrecher ist nicht vorstellbar.

Russland jedoch, dieses große faszinierende Land, das gerade uns Deutschen mit seiner Kultur eng verbunden war, das sich im Klammergriff dieser totalitären Oligarchie befindet, dürfen wir nicht aufgeben. Freiheit ist ein menschliches Urbedürfnis, es lässt sich nicht ewig unterdrücken. In den Neunzigerjahren hätte man in Moskau jederzeit laut skandieren können, Medwedew sei ein korrupter Politiker, ohne dafür verhaftet oder gefoltert zu werden. Es gab freie Presse, Künstler waren keinen Repressionen ausgesetzt, es gab marktwirtschaftliche Tendenzen. Das wird wieder so sein, öffnet man der Freiheit die Tür.

CHINA: STABILITÄT DURCH UNFREIHEIT

Unser Blick auf China wird immer wichtiger. China ist eine aufstrebende Weltmacht in wachsendem Kräfteringen mit den USA. Dieser Konflikt einer Demokratie mit einem autoritären Staat wird die nächsten Jahrzehnte prägen. In einer globalisierten Welt wachsender gegenseitiger Abhängigkeiten werden beide Länder sich abgrenzen, um Einflusszonen ringen, aber auch aufeinander Rücksicht nehmen. Das Verhältnis von China zu Putins Russland ist zwar einerseits von Unterstützung geprägt, andererseits lavierend. China denkt pragmatischer und hat eine wachsame kollektive Führung.

Chinas lange Geschichte ist auch eine Geschichte des Kollektivismus. Kann man daraus ableiten, dass Chinesen weniger freiheitsliebend als andere sind, weil sie die Gemeinschaft vor den Einzelnen stellen? Das wäre eine kulturelle Zuschreibung, die Ursache mit Wirkung verwechselt. In China herrscht Freiheitsentzug mit totaler Überwachung, flankiert von besonderer Gewalt gegenüber verfolgten Minderheiten (der UN-Bericht vom August 2022 spricht von »schweren Menschenrechtsverletzungen«). Diese repressive Politik wird vom Regime pragmatisch begründet: Der Kampf gegen Armut und für mehr Wohlstand für alle erfordere Stabilität, Ruhe und Ordnung. In der Tat haben die Chinesen, die unter Mao alle gelitten haben, ein besonderes Bedürfnis nach stabilen Verhältnissen.

Die Wohlstandsmehrung ist für die politische Stabilität des Pekinger Regimes unabdingbar. Die Regierenden müssen liefern. Gefährlich wird es, wenn das Wirtschaftswachstum schwächelt, wie jetzt durch Covid und den Krieg in der Ukraine. Das Unvermögen Chinas, Covid wirksam zu bekämpfen, zeigt im Übrigen generell die Schwäche von Diktaturen im Umgang mit Krisen. Da sind Demokratien besser dran. Die Maßnahmen müssen öffentlich begründet werden, sie stehen im Meinungsstreit, die Bevölkerung muss überzeugt und gewonnen werden, sie muss Selbstverantwortung übernehmen. Daraus entsteht eine Wirkung, die eine Kommandoregierung nie erzielen kann.

Xi Jinping hat die »wirtschaftliche Öffnung« jetzt zurückgenommen. Die Kräfte des freien Marktes werden beschnitten – das wird dem Land schaden. Nun muss etwas Neues her, um Freiheiteinschränkungen zu begründen. Nationalistische Töne werden aktiviert gegen einen äußeren Feind – das sind die USA und ihre Verbündeten in Südostasien. Taiwan spielt eine entscheidende Rolle. China wird seinen Anspruch auf diesen Staat nicht aufgeben. Wird es gelingen, diesen Schwebezustand – keine diplomatischen Beziehungen, aber Schutz der dortigen Demokratie – aufrechtzuerhalten? In Hongkong ist es misslungen.

Diktaturen finden immer einen Grund, ihre Bevölkerung zu disziplinieren, sie auf ein höheres Ziel hin zu verpflichten, ihr Opfer abzuverlangen. Aber im Fall von China stellt sich die Frage: Wie viel Freiheitswille steckt auch in den Menschen? Geht das auf Dauer: wirtschaftlicher Erfolg bei gleichzeitigem Entzug bürgerlicher Freiheiten? Meine Einschätzung und meine Hoffnung: Es geht nicht. Möglicherweise wird es lange dauern. Aber viele geschichtliche Erfahrungen zeigen, dass sich irgendwann die Freiheit zeigen wird. Manche leisten heute schon Widerstand, etwa in Shanghai nach dem Lockdown. Auch die Immobilienkrise führt zu Protesten. Das ist in einem Staat totaler Überwachung allerdings sehr schwer.

BELASTUNGSPROBE FÜR EUROPA

Beim Blick auf die Menschenrechtslage weltweit dürfen wir Europa nicht außen vorlassen. Zwar hat der Ukrainekrieg zu einem unverhofften Schulterschluss der EU geführt, doch freiheitsfeindliche Strukturen greifen auch in Europa schon länger um sich. Ungarn wie Polen sind von der EU mit Sanktionen belegt worden, weil sie systematisch Grundrechte beschneiden. In Ungarn wurde ein Gesetz beschlossen, das Homosexualität als Feindbild beschreibt. In Polen wurden »LGBT-freie Zonen« ausgerufen. Beides widerspricht eklatant europäischem Recht. Schlimm ist, dass Orban sich unverhohlen zur Illiberalität bekennt und europäische Entscheidungen blockiert.

Eklatant für Europas Handlungsfähigkeit ist zudem, dass europafeindliche Kräfte in Frankreich und Italien deutlich gewachsen sind. Dass Großbritannien eigene Wege geht, ist ebenfalls eine Schwächung Europas.

Die weltweiten Krisen und die daraus resultierenden Migrationsbewegungen stellen Europa vor nie dagewesene Herausforderungen. Millionen Menschen sind gezwungen, vor bewaffneten Konflikten, Gewalt, Hungersnot und Armut, Klimawandel und Umweltzerstörung zu fliehen. Vor dem Ukrainekrieg flohen Millionen Menschen in Staaten der EU. Es ist die zweite große Belastungsprobe für Europa nach der Massenflucht aus Syrien. Zusätzlich lösten die politischen Entwicklungen an anderen Orten auf der Welt neue massenhafte Vertreibungen aus, wie der *Amnesty International Report* von 2022 dokumentiert. So sorgte beispielsweise der bewaffnete Konflikt in der Demokratischen Republik Kongo dafür, dass 1,5 Millionen Menschen 2021 ihr Zuhause verlassen mussten. Doch während Europa die Vertriebenen aus dem Nachbarstaat Ukraine großherzig aufnahm, ist die Akzeptanz für Asylsuchende aus Afrika und anderen Kontinenten gesunken. Im Mittelmeer ertrinken immer noch viele Menschen, die sich auf den Weg zu uns machen, unzählige warten in unwürdigen Lagern auf ihr Verfahren. Berichte über Pushbacks von Grenzschützern erschüttern das Selbstbild, das Europa von sich selbst als Hort der Freiheit und Menschenwürde zeichnet.

DIE DEMOKRATIE IST KEIN AUSLAUFMODELL

Die Vereinten Nationen werden bei allen Rückschlägen immer wieder ihrem Anspruch als Gewissen der Welt gerecht. Manche Regierungen stimmen auf internationaler Ebene Resolutionen zu, deren Forderungen sie für ihre eigenen Staaten nicht akzeptieren würden. Sie verurteilen auf der Weltbühne der UNO Menschenrechtsverletzungen, handeln aber selbst nicht nach diesen Prinzipien. So gab es Mehrheiten zur Verfolgung von Kriegsverbrechen mit Sondertribunalen gegen die Täter in Ruanda, in Kambodscha und im früheren Jugoslawien. Auch Diktaturen stimmten dafür. Ein jüngeres Beispiel war die Verurteilung des Überfalls auf die Ukraine durch 141 Staaten in der Generalversammlung. Nur vier Staaten – Belarus, Nordkorea, Eritrea und Syrien – waren auf der Seite Russlands. Und immerhin: China hat sich als Verbündeter Russlands der Stimme enthalten (wie auch eine ganze Reihe der Schwellenländer); es hat auch die Annexion der Krim nie anerkannt.

Putin und seine Ideologen ebenso wie China und Nordkorea lehnen unsere Werte und Institutionen ab. Mehr noch, sie wähnen unser Lebensmodell auf dem absteigenden Ast, halten den Westen für schwach und dekadent. Aber die Demokratie ist kein Auslaufmodell. Sie ist und bleibt die menschengerechteste Lebensform einer Gesellschaft. Die Menschenrechte sind kein »westliches Projekt«, sie gelten für die ganze Menschheit, weil sie die über Jahrzehnte erarbeiteten Grundvorstellungen eines menschenwürdigen Zusammenlebens in sich manifestieren.

Aber es ist leider wahr: Das freiheitlich-demokratische Modell, Garant für Menschenrechte, verliert weltweit an Anziehungskraft.

Wir müssen uns fragen, warum das so ist und was wir dagegen unternehmen können. Wir müssen erkennen, dass autoritäre Strukturen wachsen – nicht nur in sogenannten »Schurkenstaaten«. Wir erkennen, dass sich die Hoffnung des Jahres 1990, nach dem Mauerfall und dem Zusammenbruch der Sowjetunion werde eine Periode des Friedens und der Freiheit einsetzen, nicht erfüllt hat. Der Überfall auf die Ukraine hat das allen Zweiflern eindringlich vor Augen geführt. Die Frage nach den Menschenrechten ist damit wieder zu einer existenziellen Zukunftsfrage geworden.

3

MIGRATION UND ASYL –
DAS MENSCHENRECHT AUF FLUCHT
UND EIN WÜRDIGES LEBEN

Wer für die Menschenrechte eintritt, kann beim Thema Asyl nicht wegschauen. Das Recht auf Asyl ist in der Allgemeinen Erklärung der Menschenrechte verankert. In Artikel 14 ist festgelegt: »Jeder Mensch hat das Recht, in anderen Ländern vor Verfolgung Asyl zu suchen und zu genießen.«

Ich selbst habe immer wieder miterlebt, wie Krieg, Unterdrückung und Armut zu Umständen führen können, aus denen es nur einen Ausweg gibt: Flucht. Ich war Flüchtling, als ich 1945 mit meiner Mutter aus dem brennenden Dresden kommend auf die Hilfsbereitschaft der Aufnahmefamilien in Tegernsee angewiesen war. Es war ein traumatisches Erlebnis, das mich nie mehr losließ.

Noch heute sehe ich die Bilder vor mir: Meine Mutter völlig aufgelöst, die Geschwister in Panik, das Warten im Keller, unser eingestürztes Haus, die brennende Stadt. Das geordnete Leben war vorbei. Musste man gestern noch Strafe fürs Schwarzfahren zahlen, so lagen am Tag danach Tausende von Toten in den Straßenbahnen. Sie wurden am Altmarkt, dort, wo mein Vater sein Büro hatte, verbrannt. Meine Welt brach zusammen. Wir flohen nach Bayern, wo wir in Tegernsee unterkamen. In den letzten Kriegstagen brach alle staatliche Ordnung zusammen, es waren Tage des Improvisierens, des Überlebens, des Hungers. Die amerikanischen Truppen befreiten uns. Es folgte eine Zeit der Besinnung, des Nachdenkens über die Zukunft. Mein Vater war im Krieg geblieben, und ich war gerade einmal zwölf. Wir waren Flüchtlinge im eigenen Land. Noch schwerer muss es für diejenigen sein, die ihre Heimat verlassen müssen, um in fremden Ländern Schutz zu finden.

Wie Kriege Menschen aus ihrem Land vertreiben, zeigen heute die Beispiele Syrien und Ukraine. Wir mussten lernen: Flüchtende werden in Kriegen sogar genutzt, um den Gegner zu destabilisieren. So verfährt Putin derzeit als Wahlhelfer der AfD. Das Kalkül: Die vor brandschatzenden Invasoren fliehenden Menschen werden dort, wo sie Schutz suchen, in den EU-Staaten, für Unruhe und breite Ablehnung sorgen. Aber dieses Ziel wurde, zumindest im Zuge des Ukrainekriegs, nicht erreicht. Die ukrainischen Flüchtlinge stoßen auf große

Hilfsbereitschaft hierzulande. Und das, obwohl, Stand August, schon circa eine Million Menschen aus der Ukraine in Deutschland sind.

Doch Menschenrechtsverletzungen gibt es nicht nur in Kriegszeiten. Millionen von Menschen setzen sich in Bewegung, um ihr Leben zu retten – bedroht durch diktatorische Gewalt oder Hunger und Not. Und sehr bald auch durch Hitze und Dürre im Zuge der Klimaerwärmung. Wir haben die Bilder alle vor Augen. Immer noch Tote auf dem Mittelmeer, dem Ärmelkanal und vor den Kanarischen Inseln. Wie verzweifelt müssen Menschen sein, die im Wissen um die ihnen drohende Lebensgefahr mit ihren Familien in Schlauchboote steigen, die einer Überfahrt auf dem Meer gar nicht gewachsen sind.

Europa hat sich abgeschottet. Das Migrationsregime wurde praktisch an die EU-Grenzstaaten delegiert, was dazu führt, dass Länder wie Italien, Griechenland und Spanien die Hauptlasten der Einwanderung tragen. Und wir haben dabei zugesehen. Die europäischen Außengrenzen haben sich teilweise in einen rechtsfreien Raum entwickelt; immer wieder kam es bei der Abwehr der Flüchtlinge auch zu rechtswidrigen Pushbacks. Untersuchungen der britischen Rechercheagentur Forensic Architecture haben bewiesen, dass vor allem in der Ägäis Flüchtende immer wieder ihrem Schicksal überlassen werden, dass sie ihrer Habseligkeiten beraubt werden, an der Einreise gehindert und sogar von der griechischen Küstenwache zurück ins Meer geworfen werden.

Hinzu kommt, dass die Migrationsabwehr durch diverse Abkommen mit afrikanischen Staaten und mit der Türkei immer weiter nach außen verlagert wird, sodass viele Flüchtende schon auf dem afrikanischen Kontinent davon abgehalten werden, die EU-Grenzen überhaupt zu erreichen. Die Erfahrung aber zeigt, dass durch das Schließen von Fluchtrouten Menschenrechtsverletzungen und Tote in Kauf genommen werden. Flüchtende geben auf oder suchen sich alternative, meistens gefährlichere Wege. Denken wir auch an die Millionen Flüchtlinge, die in Lagern in Griechenland und anderswo hängen bleiben und dort schon seit einigen Jahren dahinvegetieren.

Das deutsche Asylrecht, das Deutschland Schutzberechtigten lange schrankenlos gewährte, wurde bis zur Unkenntlichkeit verstümmelt. Unter dem Druck der zeitweise hohen Flüchtlingszahlen aus dem ehemaligen Jugoslawien wurde 1993 das Grundgesetz geändert. Wer aus einem »sicheren Herkunftsland« kam, sollte keinen Anspruch auf Asyl haben. Damit war es für Flüchtende nur noch möglich, in Deutschland Asyl zu beantragen, wenn sie mit dem Flugzeug kamen. Mein Freund Burkhard Hirsch und ich sowie eine Reihe anderer Abgeordneter stimmten gegen diese Quasi-Abschaffung des

Asylrechts, denn Deutschland ist nur von solchen »sicheren Ländern« umgeben.

Man hatte übersehen, dass es auch internationales Flüchtlingsrecht gab, das Vorrang hat. Dennoch: Im Lauf der Jahre entwickelte sich ein »Rechtsbruch-Mythos«, vornehmlich vertreten von der extremen Rechten, aber auch von Teilen der Union und der FDP – zuletzt als Deutschland 2015 in einem beispiellosen Akt der Humanität einen Teil der syrischen Flüchtlinge aufnahm. Der Mythos besagt, dass es eine »illegale Masseneinwanderung« gebe und die »rechtsstaatliche Ordnung« an der Grenze zusammengebrochen sei. Das ist schlichtweg falsch, einen Rechtsbruch hat es nie gegeben. Die Rechtslage ist eindeutig. Wir haben es mit einem komplexen Zusammenspiel von europäischem und nationalem Recht zu tun. Es blieb das internationale Recht als Grundlage rechtsstaatlichen Handelns. Eine Abweisung ohne Prüfung an den Grenzen ist dadurch ausgeschlossen. Auch das wird immer wieder gebrochen, so als Polen aus Belarus eingeschleuste Flüchtlinge ohne Prüfung der politischen Verfolgung als Voraussetzung des Asylanspruchs an der Grenze zurückgewiesen hat.

Das Flüchtlingsproblem in der Europäischen Union ist nicht gelöst. Keine Demokratie der Welt hat offene Grenzen für alle Menschen (und das Werben um Akzeptanz ist nicht immer einfach). Aber es darf keine »inhumanen« Grenzen geben. Die Flüchtlingsströme führen zu starken Belastungen in den Aufnahmeländern. Und verführen zu fremdenfeindlichen Reaktionen gegen jede Regung von Humanität. Viele europäische Staaten entziehen sich aus Furcht vor den Wählern einer gemeinsamen europäischen Flüchtlingspolitik.

Rechtlich gesichert ist vor allem der Schutz vor politischer Verfolgung, nicht der Wunsch nach einem menschenwürdigen Leben ohne Hunger und Not. Das ist der Grund für die manchmal langwierigen Asylverfahren und das oft schwierige Prozedere, nicht anerkannte Flüchtlinge zurückzuschicken. Der Schlüssel liegt in schnellen Verfahren und Abschiebungen. Das ist leichter gesagt als getan. Wir müssen die Herkunftsländer davon überzeugen, Personen, die keinen Asylanspruch haben, zurückzunehmen, möglicherweise durch zusätzliche Anreize.

Einwanderung, legal oder nicht legal, wird Europa, wird Deutschland immer stärker betreffen. Deutschland ist ein Einwanderungsland und wird es auf unabsehbare Zeit bleiben. Nationalistische Abschottungspolitik ist keine Lösung und nicht mit dem europäischen Geist und unserer Verfassung vereinbar.

Die Deutschen hatten Schwierigkeiten, sich der Welt und gegenüber Europa zu öffnen. Ihnen genügte ihr »Deutschsein«. Und heute hören wir wieder den Ruf »Deutschland den Deutschen«.

Wir müssen wachsam bleiben gegenüber allen Wiederbelebungsversuchen nationalistischer, völkischer und demokratiefeindlicher Art. Wir müssen unsere Weltoffenheit verteidigen. Ein Land, das zwei Unrechtsregimes erlebt hat, muss hier besonders sensibel sein.

Angesichts unserer Vergangenheit ist von uns Deutschen eine besonders hohe Sensibilität gegen Gefahren von rechts zu fordern. Und eine besondere Verantwortung gegenüber flüchtenden Menschen, die bei uns Schutz suchen. Das neue deutsche Einwanderungsrecht trägt den Notwendigkeiten noch nicht Rechnung, da es viel zu kompliziert und restriktiv ist.

Inzwischen hat man hierzulande endlich erkannt, wie sinnvoll es sein kann, auch Nichtberechtigte zu Einwanderern zu machen, also einen »Spurwechsel« vorzunehmen. Aus sogenannten Geduldeten, die gut im Arbeitsmarkt integriert sind, Steuern und Abgaben bezahlen und keine Transferleistungen beziehen, können Arbeitsmigranten mit Bleiberecht werden. Die Ampelkoalition hat diese Chance für beide Seiten erkannt, zu Recht. Schon jetzt fehlen angesichts der Pensionierung geburtenstarker Jahrgänge Millionen Arbeitskräfte.

Es gilt der Appell an unser aller Einsicht, das Weltflüchtlingsproblem auch als unser Problem anzusehen. Es gehört zu den Herausforderungen, denen die ganze Menschheit ausgesetzt ist. Das bedeutet, auch die Fluchtursachen selbst anzugehen. Die meisten Menschen verlassen ihr Land nur, wenn es nicht anders geht, und sie kehren zurück in ihre Heimat, sobald sich dort wieder eine Perspektive auf ein würdevolles Leben bietet. Wer das Weltflüchtlingsproblem lindern will, muss für die Menschenrechte vor Ort eintreten, für die bürgerlichen wie auch für die wirtschaftlichen und sozialen, und ihnen zur Durchsetzung verhelfen. Dies ist freilich leicht gefordert und nur schwer umzusetzen. Denn immer wieder müssen auch in den demokratischen Ursprungsländern wie etwa Marokko Hindernisse und Widerstände überwunden werden. Mit Entwicklungshilfe allein ist es nicht getan.

4

LEHREN AUS DER GESCHICHTE – DIE HISTORISCHEN WURZELN DER MENSCHENRECHTE

Die Menschenrechte haben tiefreichende historische Wurzeln: in der antiken Philosophie – Cicero bezieht seinen Begriff der *Humanitas* auf alle Menschen –, in der abendländischen Tradition, in der Aufklärung. Ihre ethischen Grundlagen finden sich aber in (fast) allen Kulturen und Religionen der Welt. Im Christentum und im Judentum gilt der Mensch als Gottes Abbild, und alle Gläubigen gelten als gleich vor Gott. Auch im Buddhismus und im Konfuzianismus wird das einzelne Menschenleben als heilig erachtet.

Dem Recht auf Menschenwürde und Freiheit stand in der Geschichte stets das Recht des Stärkeren im Weg. Menschenrechte mussten erkämpft werden gegen die Machtinteressen und Beharrungskräfte ihrer jeweiligen Zeit. Trotz Verfolgung und unter großen Opfern. Die Idee, dass alle Staatsgewalt vom Volk und nicht

von Gott und Königen von Gottes Gnaden aus-
zugehen hat, wurde im Zeitalter der Aufklärung
gegen den heftigen Widerstand der Herrschen-
den, der Kirchen, des Adels, erstritten. Einen
guten Überblick über die geschichtlichen Wurzeln der Menschenrechte bietet das Buch
Die Menschenrechte der Verfassungsrechtlerin
Angelika Nußberger, auf das ich mich in diesem
Kapitel vielfach stütze. Sie beschreibt die historische Entwicklung der Menschenrechte als eine
epochenübergreifende Arbeit an einem Doku-
ment, das bestimme, wie Macht und Willkür
durch Recht eingehegt werden kann. Diese
Arbeit dauert bis heute an.

Als eines der ersten und einflussreichsten
Freiheitsdokumente der westlichen Welt gilt
die Magna Charta aus dem Jahr 1215. Darin
heißt es: »Kein freier Mann soll verhaftet, gefangen gesetzt, seiner Güter beraubt, geächtet,
verbannt oder sonst angegriffen werden, noch
werden wir ihm anders etwas zufügen, oder
ihn ins Gefängnis werfen lassen, als durch das
gesetzliche Urteil von seinesgleichen.« Es war
der englische Adel, der sich damit seine Privilegien gegenüber einem willkürlich agierenden
König sicherte. Doch einmal in der Welt, ent-
faltete die Magna Charta Wirkung weit über
die mittelalterlichen Scharmützel hinaus, die
sie befrieden sollte – als Blaupause für nach-
folgende Menschenrechtsdokumente und als
Referenz für Erniedrigte und Geschundene aller

Zeiten, die gegen Ungerechtigkeit und Machtmissbrauch aufbegehrten. Wir Menschenrechtsverteidiger können stolz sein auf diese Tradition, geprägt von Pico della Mirandola, Thomas Morus, Erasmus von Rotterdam, Hugo Grotius, Las Casas, die ich nur stellvertretend nenne

Sowohl die englische Bill of Rights von 1689, die die Rechte des englischen Parlaments gegenüber der Krone stärkte, als auch die 1787 verabschiedete Verfassung der Vereinigten Staaten, der die Loslösung der ehemaligen Kolonien vom britischen Mutterland vorausgegangen war, waren maßgeblich von ihr beeinflusst. Auch wenn die damit verbundenen Rechte nur »freien Männern« zustanden und »seinesgleichen«, war mit ihnen nun ein universaler Bezugsrahmen geschaffen worden, der Revolte legitimierte gegen Autoritäten, die ihre Macht missbrauchen. Zugrunde lag ihnen ein Menschenbild, das Allgemeingültigkeit beanspruchte, weil es Grundrechte als angeboren und naturgegeben erachtete. In der amerikanischen Unabhängigkeitserklärung von 1776 heißt es: »Wir halten diese Wahrheiten für ausgemacht, dass alle Menschen gleich erschaffen worden, dass sie von ihrem Schöpfer mit gewissen unveräußerlichen Rechten begabt worden, worunter sind Leben, Freiheit und das Bestreben nach Glückseligkeit.«

In der Bill of Rights wurden Grundrechte verbrieft, wie das Recht auf freie Rede und die

Immunität von Parlamentariern. Sie wurden in den gleichnamigen zehn Zusatzartikeln der amerikanischen Verfassung von 1787 um einklagbare Bürgerrechte wie Presse-, Meinungs- und Versammlungsfreiheit, Schutz vor staatlicher Willkür und dem Recht auf ordentliche gerichtliche Prozesse ergänzt. Was die neu gegründete Demokratie freilich nicht daran hinderte, eine unmenschliche Sklavenwirtschaft aufzubauen und die amerikanischen Ureinwohner zu verdrängen. Es sollten noch viele Jahrzehnte vergehen, bis aus dem hehren Idealismus der Gründerväter gelebte Realität für alle Amerikaner wurde, zumindest aus rechtlicher Sicht.

Ein Grundstein demokratischer Verfassungen war neben der Entwicklung der Demokratie in den USA die im Zuge der Französischen Revolution proklamierte Erklärung der Menschen- und Bürgerrechte von 1789, die Grundrechte wie Freiheit, Eigentum, Sicherheit und Widerstand gegen Unterdrückung in siebzehn Artikeln festschrieb. Sie zählt heute zum Weltdokumentenerbe und beeinflusste maßgeblich sowohl die Allgemeine Erklärung der Menschenrechte von 1949 als auch diverse Verfassungen der westlichen Welt, darunter die deutsche. Ihre wichtigste Botschaft lautete: Souverän ist nicht mehr der Herrschende, sondern das Volk. Zweck des Staates sei das Wohl der Bürger und die Gewährleistung ihrer unantastbaren Menschenrechte. Der Mensch als Maß aller Dinge einer neuen normativen Ethik. Das Staatsbild dazu manifestierte sich im Schlachtruf »Freiheit, Gleichheit, Brüderlichkeit«, der sich von den Prinzipien freiheitlicher Denker wie John Locke und von Jean-Jacques Rousseau leiten ließ. Einen großen Anteil an der Entwicklung in Frankreich hatten die zahlreichen Freimaurergruppen, die Moral von Politik trennten, bis die Freiheitmoral so stark wurde, dass die monarchische Politik einfach in Auflösung begriffen war. Die Freiheit hielt bekanntlich nicht lange und mündete in neuer Willkürherrschaft, die revolutionären Ideen aber waren nicht mehr totzukriegen.

Es war Immanuel Kant, der mit dem Begriff der Menschenwürde ein ethisches Prinzip definierte, das bis heute Bestand hat und Eingang fand in viele moderne Verfassungen, unter anderem in Artikel 1 des deutschen Grundgesetzes. Für Kant war der Mensch kein Objekt, sondern ein »Zweck an sich«, der »nicht bloß als Mittel gebraucht werden« dürfe. Die Menschenrechte sind unveräußerlich. Der Mensch würde sich durch den Verzicht auf diese Rechte als Subjekt eigener Verantwortung aufgeben. Deshalb postulierte Kant, dass es »unverlierbare Rechte« gebe, »die der Mensch nicht aufgeben kann, selbst wenn er auch wollte«.

Schon Kant zielte auf eine weltbürgerliche Verfassung, auf eine »Vereinigung aller Völker unter öffentlichen Gesetzen«. Das Völkerrecht entwickelte sich, wie Habermas es beschrieben hat, »vom Staatenrecht zum Recht der Weltbürger«. Es ist zum Recht der Individuen geworden. Und auch die Verantwortung der Staaten wurde immer mehr in Richtung der Verantwortung der einzelnen handelnden Personen entwickelt. So müssen sich die Folterer von Syrien jetzt unter anderem vor deutschen Gerichten in Frankfurt und Koblenz verantworten oder wurden bereits verurteilt.

Ich würde gerne wissen, was in den Geschichtsbüchern künftiger Generationen zu lesen sein wird über die Fortschritte der Menschenrechte am Anfang des 21. Jahrhunderts. Sind wir auf einem guten Weg?

Was wir auch immer tun und abwägen: Die Allgemeine Erklärung der Menschenrechte ist die Grundlage. Ich habe das Glück, in einer freien Gesellschaft zu leben, in einem bedrohten, aber freien Europa, in einer Gesellschaft, die das Recht auf Leben ernst nimmt. Das veranlasst mich, denen meine Aufmerksamkeit zu schenken und auch meine Hilfe, die dieses Glück nicht haben. Ich halte es mit dem amerikanischen Juristen und Menschenrechtsexperten Louis Henkin, der sinngemäß gesagt hat: Das Unrecht, das irgendwo auf der Welt an einem einzigen Menschen begangen wird, das empfinde ich so, als wäre es an mir begangen.

5

WIE AUS EINEM FLAMMENDEN BEKENNTNIS EINKLAGBARES RECHT WURDE: DIE FRIEDENS-ORDNUNG DES VÖLKERRECHTS

Als sich 51 Staaten 1945 entschlossen, die Vereinten Nationen zu gründen, war schon erkennbar, dass die Entscheidungen auf eine neue, stabile Friedensordnung abzielten, die künftige Weltkriege verhindern soll. Die Ideen entwickelten sich, wie Jürgen Habermas später beschrieb, »in die Richtung eines auf supranationaler Ebene sanktionierten Friedens- und Menschenrechtsregimes, das mit einer fortschreitenden Pazifizierung und Liberalisierung der Weltgesellschaft die Voraussetzungen für eine auf transnationaler Ebene funktionierende Weltinnenpolitik ohne Weltregierung schaffen soll«. Bis man wenigstens in die Nähe dieser Utopie kam, war es noch ein weiter Weg.

Ein entscheidender Schritt war die Charta der Vereinten Nationen. Sie verschränkte zum ersten Mal das Ziel der Friedenssicherung mit einer Politik der Menschenrechte. Das war eine Zeitenwende. Der nach dem Ersten Weltkrieg gegründete Völkerbund hatte sich noch ganz auf das Ziel der Friedenssicherung beschränkt, ein Zusammenhang mit den Menschenrechten wurde nicht hergestellt. Das änderte sich erst nach dem Zweiten Weltkrieg fundamental mit ebendieser UN-Charta. Sie hat Verfassungsrang, sie ist die Weltverfassung und stellt eine Verbindung her zur »Achtung vor den Menschenrechten und Grundfreiheiten für alle ohne Unterschied der Rasse, des Geschlechts, der Sprache und der Religion ... mit der Bewahrung des Friedens und der Gewährleistung internationaler Sicherheit«. Die Menschheit sollte künftig vor »der Geißel des Krieges« bewahrt werden, heißt es in der Präambel. Krieg war nur noch in engen Grenzen zur Selbstverteidigung erlaubt. Das zweite wichtige Merkmal der Charta ist »die Verknüpfung des Gewaltverbots mit der realistischen Androhung von Strafverfolgung und Sanktionen« (Jürgen Habermas).

DIE MENSCHENWÜRDE-ORDNUNG DER STAATENGEMEINSCHAFT

Heftige Kontroversen begleiteten das Zustandekommen der Allgemeinen Erklärung der Menschenrechte – das Wertefundament für alle folgenden Vereinbarungen überall in der Welt.

Sieht man den Menschen als autonomes, selbstbestimmtes Individuum oder ist er darauf beschränkt, sich nur im Rahmen einer Gemeinschaft entwickeln zu können? Das war einer der zentralen Streitpunkte. Liberale Positionen trafen auf die marxistische Weltsicht. Individualismus auf Kollektivismus. Philosophen aus allen Teilen der Welt wurden zu Rate gezogen. Man muss sich vor Augen führen, welche Traditionen, Religionen und welche gänzlich verschiedenen politischen Grundpositionen auf einen gemeinsamen Nenner gebracht werden mussten. Dennoch: Liest man die Allgemeine Erklärung der Menschenrechte heute, so ist von den Kontroversen kaum etwas sichtbar. »Man hat den Eindruck von etwas Stimmigem, Rundem«, fasst Angelika Nußberger zusammen.

Eleanor Roosevelt, die mit ihrem Mann, dem Präsidenten Franklin D. Roosevelt, wesentlichen Anteil am Zustandekommen dieses in der Geschichte der Menschheit einmaligen Prozesses hat und deren Verdienst es letztlich war, dass man sich einigte, sah mit diesem Ergebnis »die Welt an der Schwelle eines großen Ereignisses sowohl im Leben der Vereinten Nationen als auch im Leben der Menschheit«. 48 Nationen haben zugestimmt, es gab keine Gegenstimmen. Enthalten haben sich die Sowjetunion, die Ukraine, Weißrussland, Polen, die ČSSR, Jugoslawien, Saudi-Arabien und Südafrika. Es waren die USA, die in dieser einmaligen weltpolitischen Situation diese Freiheitsinitiative in die Wege geleitet hatten. Ein Beispiel für eine gut genutzte historische Situation, wie wir sie viel später etwa bei der deutschen Wiedervereinigung und der Befreiung Osteuropas erlebt haben. In der Geschichte der Menschheit sind das seltene Augenblicke.

Diese Erklärung war die Reaktion auf die Schrecken der ersten Hälfte des 20. Jahrhunderts. In der Präambel heißt es, dass die »Nichtanerkennung und Verachtung der Menschenrechte zu Akten der Barbarei geführt haben, die das Gewissen der Menschheit mit Empörung gefüllt« haben. Damit war das beispiellose Menschheitsverbrechen der Judenvernichtung durch die Nationalsozialisten gemeint. Die Menschenrechte sollten durch die Herrschaft des Rechts gegen das Recht des Stärkeren geschützt werden.

Artikel 1 der Erklärung lautet: »Alle Menschen sind frei und gleich an Würde und Rechten geboren.« Dieser Anspruch auf grundlegende Rechte wie Meinungs- und Versammlungsfreiheit sowie Schutz vor Willkür, Folter oder Sklaverei, um nur ein paar zu nennen, sei unabhängig von »Rasse, Hautfarbe, Geschlecht, Sprache, Religion, politischer oder sonstiger Anschauung, nationaler oder sozialer Herkunft, Vermögen, Geburt oder sonstigem Stand«. Die Verfasser folgten damit dem Gebot vom unvergleichlichen Wert eines jeden Menschen.

Niemals zuvor hat es eine solche Selbstverpflichtung der Völkergemeinschaft gegeben. Auch wenn sie rechtlich noch nicht bindend und damit nicht einklagbar war und als allgemeine Erklärung nur eine Empfehlung darstellte, brachte sie erstmals eine universale Rechtsauffassung zum Ausdruck. »Die Menschenwürde bildet das Portal, durch das der egalitär-universalistische Gehalt der Moral ins Recht transportiert wird«, so erklärt Jürgen Habermas diese zivilisatorische Entwicklung. Ihre Grundsätze wurden später zu verbindlichem Völkerrecht.

DIE ENTWICKLUNG DES INTERNATIONALEN RECHTS SEIT 1948

Von besonderer Bedeutung war die spätere Weiterentwicklung des Rechts der Vereinten Nationen. 1966 wurde der Pakt über bürgerliche und politische Rechte und der Pakt über wirtschaftliche, soziale und kulturelle Rechte verabschiedet. Der sogenannte Sozialpakt verpflichtet Staaten dazu, diskriminierungsfreien Zugang zu wirtschaftlichen, sozialen und kulturellen Rechten zu gewährleisten, darunter die Rechte auf Gesundheit, Bildung, Arbeit, Wohnen, Wasser, Sanitärversorgung und Teilhabe am kulturellen Leben. Man hatte begriffen, dass es nicht reicht, die Freiheit zu schützen, wenn die Menschen verhungern und ihre ökonomischen Lebensgrundlagen und Entfaltungsmöglichkeiten nicht gesichert werden.

Es folgten weitere Konventionen, so 1984 die UN-Antifolterkonvention, die bis heute von 146 Staaten ratifiziert wurde. Niemand darf der Folter oder grausamer, unmenschlicher oder erniedrigender Behandlung oder Strafe unterworfen werden. Heute werden Folterer überall auf der Welt strafrechtlich verfolgt. Generell ist das Völkerrecht in ständiger Entwicklung (aber bei weitem noch nicht ausreichend), so aktuell beim Ausbau des Schutzes der Menschenwürde vor den Gefahren der Digitalisierung. Bemerkenswert ist das Netz weltweiter Kontroll- und Berichtssysteme, z. B. durch den Menschenrechtsrat. Nun ist nicht mehr zu bestreiten: Das Völkerrecht ist das individuelle Recht der Weltbürger geworden.

REALPOLITIK VERSUS IDEALISMUS

In den Sechzigerjahren entbrannte eine kontroverse Diskussion um die Definition der Menschenrechte. Es war der Höhepunkt des Kalten Krieges. Für die sozialistischen Staaten war die Menschenrechtsidee untrennbar mit der Dekolonialisierung verbunden, mit der Kritik an Rassismus, wie er in den USA, vor allem aber in Südafrika praktiziert wurde. Nur »grundlegende« Menschenrechtverletzungen sollten in die Zuständigkeit der UN fallen. Der Westen orientierte sich im Sinne der Aufklärung an den individuellen Freiheitsrechten – sah die Menschenrechte aber auch als Argument im Kalten Krieg. So forderte der damalige Außenminister Hans-Dietrich Genscher in der UN-Generalversammlung einen »Internationalen Menschenrechtsgerichtshof« gegen die Menschenrechtsverletzungen weltweit.

Es bestand eine gewisse Doppelbödigkeit der Menschenrechtspolitik, ein Gegensatz zwischen Realisten und Idealisten, der bis heute besteht. Beide Positionen sind wenig hilfreich, wenn sie zum Dogma erhoben werden. Die Realisten glauben ihre Ziele ohne aktive Einbeziehung der Menschenrechte zu erreichen. Die Idealisten verschließen mitunter ihre Augen vor den unerbittlichen Realitäten. Aber ausschließlich oder im Schwerpunkt auf Friedenssicherung zu setzen, das führt zu brüchigen Lösungen. Manche hoch anerkannten Außenpolitiker vermittelten den Eindruck, als wäre der Menschenrechtsschutz für sie eher lästig. Mit Helmut Schmidt, der die Menschenrechte durchaus ernst nahm, führte ich manche hitzige Diskussion darüber. »Was nützt es den Chinesen, wenn wir die Menschenrechte einfordern«, sagte er einmal sinngemäß. Man kann Menschenrechtsschutz nicht verabsolutieren, muss auch mit Unrechtsstaaten im Gespräch bleiben, man darf sich ihnen aber nicht andienen. Unter Kanzler Kohl etwa glaubten die Realisten Stabilität durch Akzeptanz der Apartheid in Südafrika zu erreichen. Die deutsche Regierung hat viel zu lange am Apartheid-Regime festgehalten. Mein Freund Burkhard Hirsch und ich haben diese Haltung immer bekämpft. Die Apartheid fiel, und Südafrika einigte sich auf einen Prozess des inneren Friedens und der Versöhnung. Die Verbrechen wurden aufgeklärt, Racheaktionen blieben aus. Eine Erfolgsgeschichte.

Im Kalten Krieg, also bis 1989, wurde der juristische Menschenrechtsschutz erheblich ausgebaut. Gleichzeitig war es ein Zeitalter schwerer Menschenrechtsverletzungen. Meiner Ansicht nach darf man nicht realitätsblind sein bei der Verfolgung idealistischer Ziele. Beide Seiten müssen lernen. Die Entwicklung zeigt, dass Realisten und Idealisten ihre Ziele zusammenführen müssen. Nur so wird Menschenrechtspolitik nachhaltig und manchmal überhaupt erst möglich. Ohne Achtung der Menschenrechte gibt es keinen dauerhaften Frieden.

DIE WELTKONFERENZ ÜBER DIE MENSCHENRECHTE IN WIEN

Nachdem ich 1992 zum Leiter der deutschen Delegation bei der UN-Menschenrechtskommission ernannt wurde, konnte ich die aufreibende

Arbeit in solchen Gremien selbst miterleben. Und zwar schon ein Jahr später bei der Weltkonferenz über die Menschenrechte in Wien, zu der Delegierte aus 171 Staaten zusammenkamen. Ziel war eine Bestandsaufnahme der Entwicklung des Menschenrechtsschutzes und seiner Perspektiven. Wien war durch Regionalkonferenzen überall auf der Welt vorbereitet worden; zuvor hatte es nur eine Konferenz dieser Art gegeben, 1968 in Teheran. Sie hatte noch ganz im Zeichen des Kalten Krieges und des Dekolonisationsprozesses gestanden; Weltkonferenzen zu Einzelbereichen gab es immer wieder, so zum Beispiel die Weltfrauenkonferenz 1975 in Mexiko City.

Die Wellen, die Wien schlug, waren schon im Vorfeld zu spüren. Auch in Deutschland gab es intensive Reaktionen. Die verschiedenen Menschenrechtsorganisationen schlossen sich zu einem Menschenrechtsforum zusammen. Ein Menschenrechtsinstitut wurde gegründet, und ein Menschenrechtsausschuss im Deutschen Bundestag wurde eingerichtet. Wir hatten intensive Konsultationen mit Amnesty International, mit dem Vorsitzenden Volkmar Deile. Die Menschenrechtspolitik nahm Fahrt auf.

In Wien konzentrierte sich alles auf die Schlussresolution. Es war ein tagelanges Ringen, bis in die Nächte hinein. Die deutschen Diplomaten haben in diesen zähen Verhandlungen einen erheblichen Einfluss ausgeübt.

Oft schickten sie mich spätnachts ins Bett mit der Zusicherung, weiterzuverhandeln. Ich sollte am nächsten Tag ausgeruht sein. In Wien leitete ich die deutsche Delegation. Mein französischer Kollege war der hoch anerkannte frühere Diplomat Stéphane Hessel. Er erlangte später noch einmal Berühmtheit durch seinen auch in Deutschland viel gelesenen Aufruf *Empört Euch!*.

Das Ergebnis der Konferenz war erstaunlich positiv. Die Universalität und Unteilbarkeit der Menschenrechte wurden mit einstimmigem Votum aller 171 Staaten anerkannt. Die unverzichtbare Rolle der Nichtregierungsorganisationen wurde nicht nur anerkannt, sie wurde bekräftigt. Ebenso wurde die besondere Schutzbedürftigkeit von vulnerablen Gruppen wie Frauen und Kindern in Konflikten anerkannt.

Der Weg zu einem Internationalen Strafgerichtshof wurde gestärkt, wie er dann 2002 ins Leben gerufen wurde. Die wirtschaftlichen und sozialen Menschenrechte gewannen noch mehr an Bedeutung, auch wenn diese nach wie vor umstritten sind, weil sie den Skeptikern als schwer messbar erscheinen. Dennoch sind sie von den sogenannten bürgerlichen Menschenrechten nicht zu trennen. Der Mensch ist nur dann wirklich frei, wenn er nicht von Hunger und wirtschaftlicher Not bedroht ist.

Zudem wurde ein UNO-Hochkommissar für Menschenrechte gefordert, den es bis dahin nicht gab. Es war schwierig, eine geeignete Person zu finden, weil viele Staaten diesem Amt skeptisch gegenüberstanden. Ich habe in Genf und New York daran mitgewirkt, dass dieses Amt 1994 etabliert wurde. Der Ecuadorianer José Ayala Lasso bekleidete als Erstes die Position. Bis heute handelt es sich bei den Amtsträgern um aktive Verteidiger der Menschenrechte (wobei die umstrittene und irritierende China-Reise der ehemaligen chilenischen Präsidentin und amtierenden Hochkommissarin Michelle Bachelet zu einem großen Ansehensverlust führte). Die Menschenrechte wurden mit dem UNO-Hochkommissariat auch zu einem Querschnittsthema innerhalb der Vereinten Nationen, das Einfluss auf andere Politikbereiche hat.

KATASTROPHEN ERZWINGEN DEN FORTSCHRITT

Ich frage mich heute, wie es möglich war, dass die Staaten sich damals so einmütig auf solche Ergebnisse einigen konnten. Dafür gibt es Erklärungen. Die wichtigste ist: Die Sowjetunion war 1990 zusammengebrochen. Gorbatschow hatte sich auf den Weg von Perestroika (Umgestaltung) und Glasnost (Transparenz) begeben. Die unterdrückten Staaten des Warschauer Pakts wurden frei. Russland wurde auf der Konferenz zu einem wichtigen Unterstützer aktiver Menschenrechtspolitik. Es war in dieser Sache unser Verbündeter. Es schickte einen »Menschenrechtsbeauftragten«.

Noch etwas anderes spielte eine Rolle: Vor der Haustür von Wien fand das entsetzliche Gemetzel im früheren Jugoslawien statt. Das löste tiefe Betroffenheit aus. Leider erzwingen immer erst die Katastrophen den Fortschritt.

Das erfreuliche Fazit: Die Welt war auf dem Weg zu einer neuen Friedens- und Freiheitsordnung. Sie war bereits 1990 in der »Charta von Paris« von den 35 Helsinki-Staaten feierlich bekräftigt worden. Putin, ich erwähnte das bereits zu Beginn, hat diese Charta später ohne Hemmungen durch völkerrechtswidrige Akte wie die Besetzung der Krim und ein immer stärker ausgebautes System innenpolitischer Unterdrückung verletzt.

Ein solches Ergebnis, wie es in Wien erzielt wurde, wäre dieser Tage nicht mehr erreichbar. Ich frage mich besorgt, was heute bei einer solchen Konferenz herauskommen würde. Wie weit sind wir doch von Schillers Wort »von der rettenden Ehrfurcht des Menschen vor sich selbst« entfernt. Zu oft bleibt sie auf der Strecke.

Warum haben viele Staaten diese Entscheidungen mit beschlossen, obwohl sie genau wussten, dass sie sie nicht befolgen würden. Diese Staaten leugnen einfach, dass das, was sie tun, die Menschenrechte verletzt. Man will sich nach außen hin nicht die Blöße geben, das

Menschenrechtssystem abzulehnen. Eine bekannte Ausrede ist, man verfolge nicht politische Gegner, sondern Kriminelle. So werden Menschenrechtsverteidiger kriminalisiert, wie zuletzt Alexej Nawalny in Russland. Sie werden als Terroristen, als Drogenkriminelle oder als »ausländische Agenten« verfolgt, ebenso all diejenigen, die sich für sie einsetzen. Das Strafrecht wird politisch instrumentalisiert, es wird zur Farce. Nawalny wird viele Jahre in russischer Haft verbringen müssen unter weiterhin erniedrigenden Bedingungen. Seine Haft hat keine Rechtsgrundlage und dient nur dem Ziel, ihn und seine Bewegung zu zerstören. Hoffentlich überlebt er die Haft. Seine Bewegung ist im Untergrund lebendig. Sie ist für Putin eine Gefahr.

Meister im Aufbau einer Drohkulisse, die angeblich Selbstverteidigung rechtfertigt, waren die Nationalsozialisten. Hitler ließ einen polnischen Überfall auf den deutschen Sender Gleiwitz fingieren, um einen Vorwand zu haben, in Polen einzufallen.

Solche propagandistischen Rechtfertigungen sind ein wohlbekanntes Verhaltensmuster autoritärer und aggressiver Staaten. Das aktuelle Beispiel liefert Putin, der seinen Eroberungskrieg gegen die Ukraine in seinen gleichgeschalteten Medien als notwendige »militärische Sonderoperation«, als Selbstverteidigung gegen vermeintliche Nazi-Umtriebe in der Ukraine dargestellt hat. Der Internationale Gerichtshof hat ihm dieses Argument nach dem Überfall ganz schnell aus der Hand genommen.

DIE SCHUTZVERANTWORTUNG, SICH EINZUMISCHEN

Manche Staaten, zumal autoritäre und nationalistische, glauben, das Völkerrecht betreffe sie nicht, denn es gäbe ein Gebot der Nichteinmischung. Dem ist entschieden zu widersprechen! Menschenrechtspolitik ist immer Einmischung. Jede Stellungnahme ist es, jede Resolution der UN-Gremien, jede Entscheidung der internationalen Gerichtsbarkeit. Das Völkerrecht betrifft nicht nur Staaten, sondern inzwischen auch die einzelnen Täter – und ganz konsequent das einzelne Opfer.

1995 wurde die Doktrin der »Schutzverantwortung«, die »responsibility to protect«, einstimmig von der Generalversammlung verabschiedet. Sie trat zehn Jahre später in Kraft und war eine Reaktion der Weltgemeinschaft auf die Massaker von Srebrenica und Ruanda. Kofi Annan bekräftigte, dass die Welt »kollektive Verantwortung übernimmt, um Völker vor Genozid, Kriegsverbrechen, ethnischen Säuberungen und Verbrechen gegen die Menschlichkeit zu schützen«. An der Vorbereitung der Doktrin haben auch wir Deutsche mitgearbeitet. Sie ist eine ganz entscheidende Bekräftigung des Menschenrechtsschutzes. Sie bedeutet, dass der Sicherheitsrat unter bestimmten Voraussetzungen den Schutz der Menschen übernimmt, auch gegen deren eigenen Staat. Es ist ein abgestuftes Verfahren vorgesehen mit einer ersten Stufe, die Bemühungen um friedliche Konfliktlösung vorgibt, bis hin zu militärischem Eingreifen, wenn alle anderen Schritte gescheitert sind. In einer Schlussphase soll es dann Bemühungen zur Stabilisierung geben, wenn denn eine solche erreicht worden ist.

Das alles ist keine Politik »der militärischen Zurückhaltung«, wie sie aktuell auch hierzulande vertreten wird. Sie ist in vielen Situationen geradezu zynisch. Die rund zwei Millionen Flüchtlinge in den Lagern von Darfur im Sudan hätten kein Verständnis dafür, dass sie ohne Schutz einer bewaffneten Friedenstruppe marodierenden Reiterbanden oder einer Hungersnot ausgesetzt werden und sich letztlich nur auf wohlmeinende Resolutionen aus Genf verlassen sollen.

Die Sichtweise des Menschenrechtsschutzes hat sich im Lauf der Jahrzehnte erweitert. Während sich die Vereinten Nationen zunächst nur für zwischenstaatliche Konflikte und Angriffshandlungen zuständig fühlten, reagieren sie zunehmend auf innere Konflikte wie den »Zerfall der staatlichen Autorität sowie auf Bürgerkrieg und massive Menschenrechtsverletzungen«. Es ist die Reaktion auf sogenannte entstaatlichte Gewalt, auf die »neuen Kriege« – wie etwa in Somalia, im Sudan, in Libyen.

DER UNO-SICHERHEITSRAT – BREMSKLOTZ BEI DER DURCHSETZUNG DER MENSCHENRECHTE?

Die Achillesverse dieser guten Absichten ist oft der Sicherheitsrat. Viele der Instrumente, die im Lauf der Jahrzehnte entwickelt wurden, benötigen zu ihrer Anwendung die Zustimmung des Sicherheitsrates. Er besteht aus fünf ständigen Mitgliedern: den USA, Frankreich, Großbritannien, Russland und China. Diese haben ein umfassendes Vetorecht. China und Russland haben dieses vielfach zum Schaden der Menschenrechte wahrgenommen. Vor allem konnten sie durch ihr Veto auch verhindern, dass zu Menschenrechtsverletzungen in ihren eigenen Ländern kritisch Stellung genommen wird. Ganz eklatant war ihr Versagen im Syrienkrieg. Konnte die Weltgemeinschaft in Libyen noch eingreifen, so war ihr das in Syrien nicht möglich, weil Russland und China ihr Veto eingelegt und Baschar al-Assad unterstützt haben. Immer wieder haben sie Friedensresolutionen und Waffenstillstandsinitiativen abgelehnt, mit denen man unter anderem das Bombardement der Zivilbevölkerung durch die russische Luftwaffe hätte abwenden können. Über 300 000 Opfer hat dieser Krieg gefordert und riesige Flüchtlingsströme ausgelöst. Wäre Frieden oder zumindest Waffenstillstand vereinbart worden, hätte es 2015 keine so massive Migrationsbewegung nach Europa gegeben. Die Vetomächte Russland und China sind dafür wesentlich verantwortlich.

Auch die Anklageerhebung vor dem Internationalen Strafgerichtshof ist von der Zustimmung des Sicherheitsrates abhängig. Ein weiterer Geburtsfehler. Baschar al-Assad sollte schon längst auf der Anklagebank des Strafgerichtshofs in Den Haag sitzen.

Die derzeitige Zusammensetzung des Sicherheitsrates spiegelt die Situation unmittelbar nach dem Zweiten Weltkrieg wider. Alle Versuche, sie zu ändern, sind gescheitert. Es ist kaum zu hoffen, dass die Vetomächte Russland und China ihre weltpolitische Verantwortung irgendwann wahrnehmen in einer Welt, die immer mehr zusammenwächst und immer stärkere Abhängigkeiten schafft. Das gilt vor allem für China, das ja im Gegensatz zu Russland wirtschaftlich ein wirklicher neuer Machtfaktor in der Welt ist und auch pragmatischer eigene Ziele verfolgt. Um die dominante Position der Vetomächte aufzubrechen, muss politischer Druck aufgebaut werden. Die besten Verbündeten hierfür sind die Staaten, die an der Entstehung dieser Machtstruktur nicht beteilig waren, darunter etwa Indien, und schon längst nicht mehr zufrieden sind.

Auch die USA halten – mal mehr, mal weniger – eine gewisse Distanz zur Multilateralität. Trump begegnete ihr mit Verachtung. Unter seiner Regentschaft traten die USA aus dem Menschenrechtsrat aus. Andere US-Administrationen zeigten eine gewisse Zurückhaltung. So wurde der Pakt zum Schutz der wirtschaftlichen und sozialen Menschenrechte von den USA nicht ratifiziert – auch nicht die Einrichtung eines Internationalen Strafgerichtshofes. Aus dem einfachen Grund, weil die USA ihre Soldaten nicht vor Gericht sehen wollen. Präsident Joe Biden hat den isolationistischen Kurs seines Vorgängers beendet und unterstützt jetzt den Internationalen Strafgerichtshof gegen Russland. Aber eine gewisse Distanz bleibt. Multilateralität wird von den USA bisweilen nationalen Zielen unterworfen. Dies nagt an der Glaubwürdigkeit der USA.

Es ist bei aller Kritik nicht zu verkennen: Der Sicherheitsrat spielt eine wichtige Rolle bei Friedenssicherung und Menschenrechtsschutz. Kaum jemand weiß, dass die Vereinten Nationen aktuell etwa achtzig Friedensmissionen unterhalten, zum Teil auch sogenannte »robuste«, die Waffengewalt nicht ausschließen. Der Sicherheitsrat reagierte durchaus auf innerstaatliche Konflikte, auf Gewalt und Bürgerkriegssituationen, auf ethnische Säuberungen, und er unterstützte den Aufbau demokratischer Strukturen. Zu denken ist an die frühe Mission auf Zypern, an die Sicherung der Golanhöhen, an Ost-Timor, an das anfängliche Engagement in Afghanistan, an Sierra Leone, um nur einige zu nennen. Der Sicherheitsrat erließ auch Waffenembargos und Sanktionen.

Für Friedensmissionen werden in der Summe hohe Mittel aufgewandt, die jedes Mal gesondert finanziert werden müssen. Durch diese Missionen erfolgt Menschenrechtsschutz in der Praxis, etwa bis heute in den Flüchtlingslagern in der Provinz Darfur im Sudan, deren Situation ich gut kenne.

Dem Einmarsch der US-Truppen und der Briten im Irak hat sich der Sicherheitsrat verweigert – das hat ihm Anerkennung eingebracht. Alles geschah zwar gegen das Völkerrecht, aber immerhin gegen den blutrünstigen Diktator Saddam Hussein. Die Verweigerung des Sicherheitsrates, gegen schwere Menschenrechtsverletzungen durch Serbien gegen die Kosovo-Albaner vorzugehen, stieß auf Unverständnis. Seine Intervention in Libyen ist bis heute umstritten. Ich fand sie angesichts eines Blutbads, das gedroht hätte, für gerechtfertigt. Es war ein Fall von »responsibility to protect«, von Schutzverantwortung.

Es ist also ein ständiger Kampf gegen die Anwendung von Gewalt. Das Gewaltverbot ist ein Kernelement der Völkergemeinschaft. Es darf nur zur Selbstverteidigung durchbrochen werden. Russland hat mit dem Überfall auf die Ukraine diese Grenzen überschritten, was umso schwerer wiegt, da Russland ständiges Mitglied im Sicherheitsrat ist. Russland hat Scheinargumente vorgebracht, um das Recht auf Selbstverteidigung geltend zu machen. Der Internationale Gerichtshof hat dies nicht gelten lassen.

Russland und China wollen das Völkerrecht ins Wanken bringen, missachten seine Regeln und Werte, dennoch sollten wir uns nicht beirren lassen: Die vielfältigen weltweiten Aktionen zur Friedenssicherung sind ein Pfund, mit dem die Vereinten Nationen wuchern können. Sie müssen fortgesetzt werden, auch wenn wir uns bewusst sind, dass sie durch das Veto autoritärer Staaten wie China und Russland immer wieder infrage gestellt werden. Die heutige Situation ist schon deshalb außerordentlich bedrohlich, weil von Russland eine atomare Erpressung ausgeht. Das ist eine Grenzüberschreitung, wie sie bisher nur von Nordkorea ausgegangen ist.

Die Generalversammlung hat Anstrengungen unternommen, dieses Defizit an Handlungsfähigkeit zu umgehen. Das ist schon einmal in der Geschichte geschehen durch eine Resolution gegen Russland im Jahr 1950 während des Koreakrieges: United for Peace. Die Generalversammlung hat den Überfall auf die Ukraine verurteilt. Dieser Beschluss hat keine bindende

Wirkung, aber er ist so stark, dass andere Staaten sich auf ihn berufen können. Es ist nicht zu erwarten, dass der Sicherheitsrat jetzt seine Regeln ändert. Es wird überlegt, einem Mitglied, das selbst betroffen ist, wie jetzt Russland, in solchen Fällen zumindest das Stimmrecht zu nehmen. Dazu ist jedoch ein einstimmiger Beschluss des Sicherheitsrates erforderlich, der wohl nicht erfolgen wird.

NUR GEDULDIGES PAPIER?

Abschließend sei noch einmal gesagt, dass vielerorts die Lebenswirklichkeit von den Zielen der Allgemeinen Erklärung der Menschenrechte weit entfernt ist. Wird diese Wertegrundlage für menschliches Zusammenleben dadurch entwertet? Ist es nur geduldiges bedrucktes Papier? Diesem Vorwurf war ich mitunter ausgesetzt, wenn ich stolz eine erkämpfte Resolution gegen das Unrecht beispielsweise im Iran nach Hause brachte. Wir können auf solche Zielvorstellungen aber nicht verzichten. Wir brauchen diese Maßstäbe. Auch hierzulande in einer Demokratie gäbe es beispielsweise keine Kriminalität, würden die Verbote des Strafrechts voll respektiert. Die Geschichte der Menschheit ist auch eine Geschichte der Regelverletzungen. Was mich ärgert: Die Menschenwürde-Ordnung der Staatengemeinschaft wird leider auch

von unserer Politik nur unzureichend wahrgenommen. Das gilt generell für die Aktivitäten
der Vereinten Nationen, z. B. den Flüchtlings-
schutz oder die Entwicklungshilfe betreffend.
Wie oft habe ich einen Hotelier gebeten, in die
Nachttischschublade seiner Gäste nicht nur die
Bibel, sondern auch die Allgemeine Erklärung
der Menschenrechte zu legen – meist mit wenig
Erfolg. Im Anhang dieses Buches ist sie auch
deshalb abgedruckt.

6

DIE MENSCHENRECHTS-INSTITUTIONEN EUROPAS

Unter dem Eindruck der Nazibarbarei wurden die Friedenssicherung und die Idee der Menschenwürde zu zentralen Leitmotiven der Europapolitik in der Nachkriegszeit. Es war Winston Churchill, der in einer Rede am 19. September 1946 in der Universität Zürich die Vision eines Staatenbundes konkretisierte, der »vielleicht einmal die Vereinigten Staaten von Europa heißen wird«. Natürlich wünschte sich der britische Premier diese Einigung auch als Bollwerk gegen den Kommunismus, vor allem aber wollte er den zerrütteten Kontinent aus der politischen Agonie befreien. Heute wissen wir, dass die europäische Einigung auch ein Meilenstein der Menschenrechtspolitik war. Sie brachte uns Jahrzehnte des Friedens und freiheitliche Grundwerte, die es zu verteidigen gilt.

Stalin kündigte 1948 den Kampf gegen den Kapitalismus an. Die freie Welt rückte näher zusammen. Wir Jüngeren waren damals stark auf Europa hin orientiert, es war unsere Zukunft. Europa war für uns ein Stück freie Welt nach Jahren der erzwungenen Abschottung. Wir entdeckten den Kontinent durch Reisen, das Deutsch-Französische Jugendwerk entstand. Es wurden Freundschaften geschlossen, die ein Leben lang hielten. Wir wollten die Enge des Nationalstaates hinter uns lassen. Das Nationale, das die Nazis so diskreditiert hatten, trat in den Hintergrund. Heute haben wir wieder Krieg in Europa, der Nationalismus kriecht zurück in die Köpfe. Dabei waren wir auf einem guten Weg.

Die Idee eines geeinten Kontinents war nicht neu, doch erst die Katastrophe des Zweiten Weltkriegs ließ konkrete Initiativen entstehen. Churchills Rede war inspiriert von den Ideen des japanisch-österreichischen Schriftstellers und Aktivisten Richard Nikolaus Coudenhove-Kalergi, dessen Vision eines Paneuropas schon in den Zwanzigerjahren viele Befürworter in Europa fand, darunter Albert Einstein, Thomas Mann und Konrad Adenauer.

1948 trafen sich über 700 Politiker, Wissenschaftler, Philosophen und Wirtschaftsführer im privat initiierten Den Haager Europa-Kongress, um diese Idee mit Leben zu erfüllen. Ihr Abschlussmanifest gilt als Geburtsstunde des langwierigen europäischen Integrationsprozesses und zugleich als zentrale Weichenstellung für den europäischen Menschenrechtsschutz.

DER EUROPARAT: FREIHEIT DURCH GEMEINSAME WERTE

Schon in Den Haag wurden viele der für den europäischen Grundrechtsschutz bis heute wesentlichen Organe ersonnen: ein Europarat als politische Dachorganisation, eine bindende europäische Menschenrechtskonvention sowie ein europäischer Gerichtshof, der neben Staaten auch Einzelnen und Gruppen für die Anklage von Menschenrechtsverletzungen offenstehen sollte. In diesem neu geschaffenen Grundrechtekatalog, so die Initiatoren, sollten nach den Erfahrungen von Totalitarismus und Willkürherrschaft vor allem die Meinungs- und Versammlungsfreiheit und das Recht auf politische Opposition im Vordergrund stehen. Im Abschlussdokument hieß es: »Der Eintritt in einen solchen Bund oder eine Föderation soll allen Nationen Europas offenstehen, die demokratisch regiert werden und sich verpflichten, eine Charta der Menschenrechte zu respektieren.« Die Forderungen trugen schnell Früchte.

Am 5. Mai 1949 wurde der Europarat gegründet und erhielt von Belgien, Dänemark, Frankreich, Irland, Italien, Luxemburg, den Niederlanden, Norwegen, Schweden und dem Vereinigten Königreich im Londoner Zehnmächtepakt sein formales Statut. Er ist damit die älteste originär politische Organisation europäischer Staaten. Neben der Organisation

für europäische wirtschaftliche Zusammenarbeit (OEEC, 1961 aufgegangen in der OECD)
und der militärischen Kooperation im Rahmen
der NATO nahm mit dem Europarat die politische Einigung des Kontinents Gestalt an. Die
Bundesrepublik Deutschland trat dem Gremium
am 14. Juli 1950 zunächst als assoziiertes Mitglied bei, ehe sie im Mai 1951 vollberechtigtes
Mitglied wurde. Bis auf Belarus und Kosovo
gehören heute alle 47 europäischen Staaten mit
820 Millionen Bürgern dem Europarat mit Sitz
in Straßburg an. Russland ist nach dem Überfall auf die Ukraine zunächst suspendiert worden und trat dann seinerseits aus, um dem
Ausschluss zuvorzukommen.

Der Europarat ist nicht mit der EU verbunden und nicht zu verwechseln mit dem 1974
gegründeten Europäischen Rat, der sich zwei-
mal im Jahr in Brüssel trifft (EU-Gipfel). Der
Europarat widmet sich heute vornehmlich dem
Schutz der Menschenrechte und der Rechtsstaatlichkeit in Europa. Im Europäischen Rat
hingegen beratschlagen sich Staats- und Regie-
rungschefs der 27 EU-Mitgliedstaaten sowie
der Präsident der Europäischen Kommission
über die gemeinsame Europapolitik. Jeder Mitgliedstaat der EU war vorher Mitglied des
Europarats.

Die Europäische Menschenrechtskonvention
wurde 1950 in Rom unterzeichnet und trat drei
Jahre später in Kraft. Sie umfasst die klassischen

Freiheitsrechte, wie sie auch schon in der Allgemeinen Erklärung der Menschenrechte der Vereinten Nationen formuliert worden waren. 1959 folgte die Gründung des Europäischen Gerichtshof für Menschenrechte in Straßburg. Damit waren die Europäer weltweit die Ersten, die ein echtes überregionales Kontrollsystem für den Grundrechtsschutz etablierten. Seit 1998 kann sogar jeder Einzelne – ähnlich wie bei einer nationalen Verfassungsbeschwerde – Verletzungen seiner Konventionsrechte mit einer Beschwerde an den Gerichtshof anzeigen. Daneben können auch die einzelnen Mitgliedstaaten wegen einer Verletzung der Konvention durch einen anderen Mitgliedstaat den Gerichtshof anrufen. Es ist, wie Angelika Nußberger treffend formuliert, eines der höchstentwickelten Rechtsschutzsysteme im völkerrechtlichen Menschenrechtsschutz.

Die Ratifikation der Konvention hat sich im Lauf der Zeit zu einer Beitrittsbedingung für Staaten entwickelt, die dem Europarat angehören möchten. Alle Mitgliedstaaten des Europarats haben sie unterzeichnet. Seit 1993 widmet sich der Europarat verstärkt dem Einsatz für die Menschenrechte, der Sicherung demokratischer Grundsätze sowie den rechtsstaatlichen Grundprinzipien. Die vom Gerichtshof gefällten Urteile sind für die betroffenen Staaten bindend und haben Regierungen dazu veranlasst, ihre Gesetze und ihre Verwaltungspraxis in vielen Bereichen zu ändern. Seit 1999 gibt es im Europarat auch einen Menschenrechtskommissar, der als unabhängige Instanz die Menschenrechtssituation in einzelnen Ländern beurteilt.

DAS EUROPÄISCHE DREIGESTIRN DER MENSCHENRECHTE

2000 erhielt die sich stetig erweiternde EU mit der Grundrechtecharta ihren eigenen Grundrechtekatalog und mit dem Europäischen Gerichtshof in Luxemburg eine zweite überregionale Kontrollinstanz neben dem Europäischen Gerichtshof für Menschenrechte in Straßburg. Mit dem Inkrafttreten des Vertrags von Lissabon am 1. Dezember 2009 wurde die Charta rechtsverbindlich. Neben zivilgesellschaftlichen und politischen Rechten führt sie auch ökonomische, soziale und kulturelle Rechte auf. Diese Rechte sind in sechs Kapitel unterteilt: Würde des Menschen, Freiheit, Gleichheit, Solidarität, Bürgerrechte sowie Justizielle Rechte.

Für die ehemalige Verfassungsrichterin Renate Jäger bilden die Gerichte in Straßburg, Luxemburg und das Bundesverfassungsgericht in Karlsruhe ein »Dreigestirn« der Menschenrechte in Europa. Freilich habe jedes seine Eigenheiten und betone seine eigene Rolle und Unabhängigkeit, was manchmal auch zu Streit und Kompetenzwirrwarr führt. Als der deutsche Gesetzgeber die Vorratsdatenspeicherung neu auflegen wollte, sprach sich der Europäische Gerichtshof für strengere Maßstäbe bei der Einführung aus. Die anlasslose Kommunikationsüberwachung ist jetzt an strenge Regeln gebunden, sodass sich weiterer politischer Streit eigentlich erübrigt.

In den Neunzigerjahren klagte die Deutsche Tanja Kreil auf Aufnahme in die Bundeswehr als Soldatin. Frauen konnten bis dato nur als Musikerinnen oder im medizinischen Bereich dienen. Kreils Klage ging bis nach Luxemburg, wo sie recht bekam. Sie auszuschließen, verstoße gegen das Gesetz der Gleichberechtigung bei gleicher Eignung. Seitdem dürfen in Deutschland Frauen Dienst an der Waffe leisten.

Luxemburg und Straßburg haben den Rang von Verfassungsgerichten. Sie schützen die europäischen Grundrechte. Was nun ist der Unterschied der beiden Menschenrechtsgerichte? Europa ist größer als die EU, es reicht von Frankreich bis nach Russland, von Finnland bis nach Sizilien und umfasst auch das Brexitland Großbritannien. Über den Grundrechtsschutz dieser 47 Staaten wacht Straßburg. Vor allem für Bürgerinnen und Bürger autokratischer europäischer Staaten wie der Türkei, Polen oder Ungarn ist der Europäische Gerichtshof für Menschenrechte in Straßburg oftmals die letzte Anlaufstelle, um ihre Rechte geltend zu machen.

Die Straßburger Urteile haben Gewicht, auch wenn eine Reihe von Staaten, beispielsweise die Türkei, sie nicht befolgen. So musste zum Beispiel Deutschland 2009 sein Konzept der »Sicherungsverwahrung« von gefährlichen Straftätern überarbeiten, nachdem die Richter in Straßburg befanden, es dürfe keine Strafe ohne Gesetz geben und niemand dürfe bestraft werden, nachdem er seine Strafe abgesessen hat. Von der damaligen Justizministerin Sabine Leutheusser-Schnarrenberger, die vor der Aufgabe stand, das Gesetz zu reformieren, stammt das Wort: »Diese Leute mögen nicht nett sein, aber sie sind Menschen. Und sie haben Rechte. Schließlich heißt es *Menschenrechte*, nicht *Rechte der netten Menschen*.« Das deutsche Grundgesetz lässt solch eine »Einmischung von außen« zu, es ist offen für internationales Recht und damit lebendig.

Das Zusammenspiel von den beiden europäischen Gerichten und dem Bundesverfassungsgericht bildet laut Angelika Nußberger »ein komplexes Gefüge, oft mit einem Mobile verglichen, das immer in Bewegung ist, ohne dass es ein festgelegtes *oben* oder *unten* gäbe.« Der Streit um das letzte Wort in Menschenrechtsfragen sei manchmal auch eine Machtfrage, da es keine weitere übergeordnete Instanz mehr gebe. Wobei europäisches Gesetz über dem nationalen Gesetz steht.

Längst entfaltet der Grundrechtekatalog der Charta seine Wirkung auf die Arbeit der

EU. So bei allen Gesetzesvorschlägen, die in Bezug zu den Grundrechten stehen. Auch der EUGH bezieht sich bei seinen Verfahren auf die Charta. Das Parlament prüft jährlich die Einhaltung der Grundrechte durch die Union und ihre Mitgliedstaaten – es stützt sich dabei auf die Expertise namhafter Menschenrechtsexpertinnen und -experten, deren Empfehlungen und Berichte in politische Entscheidungen einfließen.

Manchem geht das nicht weit genug. 2021 forderte der deutsche Schriftsteller und Jurist Ferdinand von Schirach in einer Petition sechs neue Grundrechte für die EU. Neue globale Entwicklungen würden so einen Schritt notwendig machen. Darunter ein Recht auf geschützte Umwelt, auf digitale Selbstbestimmung, auf Wahrheit bei Amtsträgern oder das Recht, dass nur solche Waren und Dienstleistungen angeboten werden, die unter Wahrung der universellen Menschenrechte hergestellt und erbracht werden. Der Vorschlag erhielt viel öffentliche Aufmerksamkeit. Ich halte ihn für populistisch und wohlfeil. Was soll eine Initiative erhellen, die in ihrem Manifest nicht auf die Rolle der europäischen Gerichte, auf die Grundrechtecharta der Europäer, nicht einmal auf die Allgemeine Erklärung der Menschenrechte eingeht? Wir brauchen in erster Linie keine neuen Grundrechte. Wir brauchen die Anwendung der bestehenden Grundrechte! Nicht umsonst spielen Schirachs Thesen in der praktischen Politik keine Rolle.

DISKREPANZ ZWISCHEN ANSPRUCH UND WIRKLICHKEIT

So stolz wir auf den ausdifferenzierten Menschenrechtsschutz in Europa sein können, es bleibt noch viel zu tun. Menschenrechtsgruppen wie Human Rights Watch halten zum Beispiel dem Europarat immer wieder vor, dass er sich scheut, Verletzungen der Menschenrechte in Mitgliedstaaten beim Namen zu nennen, etwa in Aserbaidschan, und dass er Wahlfälschungen nicht offenlege. Das Beispiel des in der Türkei zu Unrecht inhaftierten Kulturförderers Osman Kavala zeige zudem, dass Mitgliedsstaaten noch viel Spielraum haben, die europäische Menschenrechtskonvention zu umgehen. Trotz drohender Sanktionen denkt die Türkei gar nicht daran, das Urteil des Europäischen Gerichtshofs für Menschenrechte von 2019 – nämlich Kavala sofort freizulassen – umzusetzen. Zwar wurde die Türkei inzwischen zu einer Geldstrafe verurteilt, zu zahlen an Kavala – doch mit der Höhe von 7500 Euro entfaltet solch ein Urteil nur symbolische Wirkung. Kavala hat in der Türkei eine lebenslange Strafe vor sich.

Auch innerhalb der EU gibt es blinde Flecken. Der jährliche Report von Human Rights

Watch listet Missstände und Versäumnisse auf. So zeige etwa die Unterstützung der Europäischen Union für Regierungen, die Migranten und Asylsuchende von den EU-Außengrenzen fernhalten wollen, deutlich die Diskrepanz zwischen Menschenrechtsrhetorik und ihrer tatsächlichen Praxis. Beispiele hierfür sind die Militarisierung und der humanitäre Notstand an der belarussisch-polnischen Grenze sowie die Pushbacks im Mittelmeer.

Die Achtung der Rechtsstaatlichkeit hat im Lauf der letzten Jahre in einer Reihe von EU-Ländern nachgelassen. Polen und Ungarn stehen wegen Angriffen auf die Rechte von LGBT-Personen, die Unabhängigkeit der Justiz und die Medienfreiheit, die Rechte von Frauen und zivilgesellschaftlichen Gruppen nicht nur unter Beobachtung. Ungarn muss sich wegen der Diskriminierung von Homo- und Transsexuellen sogar vor dem Europäischen Gerichtshof verantworten. Dafür zahlen diese Länder zu Recht Strafen an die EU, werden ihnen zu Recht EU-Leistungen gestrichen. Die Zukunft wird zeigen, ob diese Schwerter scharf genug sind, um den Grundrechtsschutz in Europa wirklich zu garantieren. Immer wieder ist Europas Handlungsfähigkeit durch das Einstimmigkeitsprinzip geschwächt.

7

RECHT ALS WAFFE – MENSCHENRECHTS- VERLETZUNGEN VOR GERICHT

Der Kampf gegen Russlands Aggression ist vielfältig: durch Sanktionen, durch Unterstützung der Ukraine, wirtschaftlich und mit Waffen, durch Stellungnahmen, Empfehlungen, Verurteilungen seitens der Organe der Vereinten Nationen. Vergessen wir nicht: Auch das Recht ist eine Waffe von einigem Gewicht.

Eine Gerichtsbarkeit zur Ahndung von Verletzungen der Menschenrechte wurde viele Jahre diskutiert. Sie stand 1993 auf der Tagesordnung der Weltkonferenz über die Menschenrechte in Wien. Es war dann ein langer Weg bis zur Einigung über das sogenannte Römische Statut 1998 und bis zur Arbeitsaufnahme des Internationalen Strafgerichtshofs (ICC) im Jahr 2002. Man erinnere sich an die Geburtsstunde der Internationalen Strafgerichtsbarkeit, an das Nürnberger Tribunal gegen die Hauptkriegsverbrecher der Nazis 1946 in Nürnberg.

In der Urteilsbegründung heißt es: »Verbrechen gegen das Völkerrecht werden von Menschen und nicht von abstrakten Wesen begangen, und nur durch Bestrafung jener Einzelpersonen, die solche Verbrechen begehen, kann den Bestimmungen des Völkerrechts Geltung verschafft werden.« Es handelt sich also um einen Kampf gegen die »Straflosigkeit«. Erst spät wurde er von der Völkergemeinschaft aufgenommen.

Das Nürnberger Urteil basiert in besonderer Weise auf dem Vorwurf gegenüber den Angeklagten, einen Angriffskrieg unternommen zu haben. Es war der russische Ankläger, der auf diesem Anklagepunkt insistierte. Sein Land war schließlich von den Nazis überfallen worden. Die Russen tun den Ukrainern jetzt das an, was ihnen durch die Nazis widerfahren ist. Und der russische Präsident ist derjenige, gegen den jetzt vonseiten eines internationalen Gerichts eine Anklage wegen der Verantwortung für einen Angriffskrieg vorbereitet wird.

Putin ist, solange er sein Amt ausübt, vor deutschen Gerichten durch Immunität geschützt, nicht jedoch vor dem Internationalen Strafgerichtshof in Den Haag. Die Siegermächte haben in Nürnberg, so formulierte es der US-Chefankläger Jackson, die Haupttäter der Nazis freiwillig dem Richterspruch des Gesetzes übergeben. Und er fügte hinzu: »Dieses Gesetz hier wird zwar zunächst auf deutsche Angreifer angewandt. Es schließt aber ein und muss, wenn es von Nutzen sein soll, den Angriff jeder anderen Nation verdammen, nicht ausgenommen die, die hier zu Gericht sitzen.« So müssen die befassten Gerichte jetzt verfahren!

Der Internationale Strafgerichtshof ist ein wirksames Instrument. Er hat eine umfassende, nicht auf eine Situation hin beschränkte Zuständigkeit, wie sie etwa die Sondertribunale zu Ruanda und Jugoslawien hatten. 123 Staaten sind dem Statut beigetreten, einige wichtige haben sich allerdings verweigert, darunter Russland und die USA. Der ICC kann Völkermord, Verbrechen gegen die Menschlichkeit, Kriegsverbrechen und seit 2018 unter bestimmten Bedingungen »Verbrechen der Aggression« wie einen Angriffskrieg verfolgen. Er hat sich seitdem mit Dutzenden von Konfliktsituationen befasst, nicht nur in afrikanischen Staaten, wie oft beklagt wurde, sondern auch anderswo, etwa in südamerikanischen Staaten.

In siebzehn Situationen wurden Ermittlungen wegen Kriegsverbrechen und Verbrechen gegen die Menschlichkeit aufgenommen, gegen Milizenführer, aber auch gegen den ehemaligen Präsidenten der Elfenbeinküste und den Präsidenten Kenias. Die meisten Prozesse endeten jedoch in Freisprüchen wegen Mangels an Beweisen oder kamen gar nicht erst zustande. Die Erfahrung zeigt, dass nur wenige Kriegsverbrechen tatsächlich zur Anklage gebracht werden können. Umso wichtiger ist, dass die Anklagebehörde zunächst einmal Beweise sammeln darf, unabhängig vom späteren Ausgang des Verfahrens.

Die Verfolgung von Kriegsverbrechen ist mit viel Aufwand und Frust verbunden, das hat das Sondertribunal zu Jugoslawien gezeigt. Am Ende aber wurden Slobodan Milošević und Ratko Mladić verurteilt. Es ist zu hoffen, dass der ICC seine manchmal schwerfälligen Arbeitsabläufe beschleunigt und auf diese Weise mit Entscheidungen in den Ukrainekrieg einwirkt. Nur der ICC könnte Putin und andere russische Amtsträger anklagen, ohne auf deren Immunität Rücksicht nehmen zu müssen. Ein negatives Beispiel ist: Die Untersuchungen des ICC zum Georgienkrieg haben erst jetzt, vierzehn Jahre nach Begehung der Taten, zu Haftbefehlen gegen russische Kommandeure geführt.

Neben dem ICC gilt in Deutschland und in anderen Staaten das Völkerstrafrecht nach dem Weltrechtsprinzip. Es wurde in unserem Land zeitgleich mit dem ICC 2002 durch das vom Bundestag beschlossene Völkerstrafgesetzbuch eingeführt. Es ermöglicht die Verfolgung von Straftaten auch dann, wenn die Taten im Ausland begangen wurden und keinen Bezug zum Inland haben.

An diesem Gesetz haben sich Sabine Leutheusser-Schnarrenberger und ich mit unserer Strafanzeige gegen die russischen Kriegsverbrecher orientiert. Sie beinhaltet ein umfangreiches Dossier von Taten, ihrer Zuordnung zu Tatbeständen des Gesetzes und zu Tätergruppen. Auch hier erwarten wir durch schnelle Beweisermittlung, Anklageerhebung und Haftbefehle ein Signal in das Kriegsgeschehen hinein: Nichts wird vergessen, viele Personen sind Kriegsverbrecher, von der Kommandoebene bis zum einzelnen Soldaten, der sich in der Regel nicht auf Befehlsnotstand berufen kann.

Es wird im Moment schwierig sein, Täter vor Gericht zu stellen. Aber sie müssen wissen, dass ihnen das droht. Das Völkerstrafrecht beinhaltet dahingehend diverse Tatbestände: Völkermord und Verbrechen gegen die Menschlichkeit, also zum Beispiel systematische Angriffe gegen die Zivilbevölkerung; Kriegsverbrechen gegen einzelne geschützte Personen, zum Beispiel Vergewaltigungen; Kriegsverbrechen gegen Eigentum; Kriegsverbrechen durch verbotene Methoden und Mittel der Kriegsführung sowie das Verbrechen des Angriffskrieges. Aber was folgt daraus? Was bedeutet das für Putin und andere Verantwortliche?

Der Überfall auf die Ukraine hat zu zahlreichen Initiativen im Bereich der Strafrechtverfolgung geführt. Viele Organisationen sammeln Beweise. So auch die deutschen Ermittlungsbehörden, unter anderem mit Fragebögen, die den Flüchtlingen vorgelegt werden. Der Internationale Strafgerichtshof erfährt massive internationale Unterstützung, und natürlich ermitteln die Ukrainer auch selbst. Dennoch warte ich in diesem neuen Gefüge der Weltgerichtsbarkeit auf die Feststellung irgendeines Gerichts, dass Putin und seine Helfer Kriegsverbrecher sind. Dazu bedarf es sicher keiner weiteren Beweiserhebung.

Erfreulich ist, dass die deutsche Justiz das Völkerstrafrecht zunehmend zur Anwendung bringt – zuletzt durch Verfahren gegen syrische Kriegsverbrecher. Wir haben es also mit einer international vernetzten Strafverfolgung zu tun. Die Anklagebehörden führen zurzeit sogenannte Systemermittlungen durch. Sie sollten mit dem Ziel der Abschreckung so schnell wie möglich zu Ermittlungen gegen einzelne Täter übergehen.

Diese Verfahren machen Sinn, auch wenn nicht sofort eine Verurteilung erfolgt, weil sich der Täter ihr entzieht. Für die Opfer ist es schon eine Genugtuung, wenn ihr Leiden in handfesten Beweisen festgehalten wird. Sie wollen, dass nichts vergessen wird. Das ist noch keine Sühne, aber ein Anfang.

8

STACHEL IM FLEISCH DER AUTOKRATEN – DIE ROLLE DER MENSCHENRECHTSVERTEIDIGER

Wie viel Mut muss aufgebracht werden, um frühmorgens zu einer Demonstration zu gehen, nicht wissend, ob der Abend im Gefängnis endet? Wie viel innerer Kraft und Überzeugung bedarf es, um sich gegen repressive Regime und Machthaber aufzulehnen? Gegen drakonische Lockdown-Maßnahmen wie in China? Wie stark muss das Gerechtigkeitsgefühl sein, um sich gegen die Unterdrückung eines ganzen Volkes zu wehren oder gegen einen völkerrechtswidrigen Angriffskrieg und dadurch selbst zum Angriffsziel gewissenloser Diktatoren zu werden?

In repressiven Regimen verlieren Menschen ihre Freiheit in dem Moment, in dem sie von ihr Gebrauch machen. Trotz allem erleben wir weltweit ein erstaunliches Demonstrationsgeschehen – und es hat Wirkung. Zum Beispiel im Sudan. Der langjährige Diktator al-Bashir wurde aus dem Amt gejagt und muss sich der

Anklage vor dem Internationalen Strafgerichtshof stellen. Er sitzt in Haft in Khartoum und
sollte nun endlich nach Den Haag überstellt
werden. Als früheren UNO-Sonderberichterstat-
ter für den Sudan erfüllt mich das mit besonderer Genugtuung – hatte ich ihn doch in meinen
Berichten für schwere Menschenrechtsverletzungen verantwortlich gemacht. Weitere Beispiele: Es gab spontane Demonstrationen gegen
die Lebensverhältnisse in Kuba und jetzt auch
öffentlichen Unmut in China. Das Regime bleibt
nicht unbeeindruckt. Es gab zu Anfang des
Ukrainekriegs mutige Demonstrationen in Russland. Das Regime in Sri Lanka ist durch mutige
Demonstrationen weggefegt worden. Auf der
anderen Seite führen Demonstrationen zu noch
mehr Repression, so in Hongkong, in Myanmar,
in Belarus, eben auch in Russland.

Blicken wir auf diejenigen, die Widerstand
leisten. Seit 1998 stehen sie unter besonderem
Schutz: Dem unermüdlichen Engagement und
der Bedeutung dieser mutigen Menschen hat
die UN-Generalversammlung am 50. Jahrestag
der Allgemeinen Erklärung für die Menschenrechte eine starke Resolution gewidmet, an
deren Zustandekommen wir Deutsche unter
der Federführung des Diplomaten Michael
Schäfer maßgeblich beteiligt waren. Einstimmig
von der Staatengemeinschaft verabschiedet,
stattet diese Deklaration Menschenrechtsverteidigerinnen und -verteidiger mit bestimmten

Rechten gegen unterdrückende Regime aus. Als Menschenrechtsverteidiger/-in ist jeder Mensch definiert, der sich gewaltfrei für die Förderung und den Schutz von Menschenrechten und Grundfreiheiten einsetzt. Die Deklaration ist eine Selbstverpflichtung von Staaten, das Engagement von Menschenrechtsverteidigerinnen und -verteidigern besonders zu achten und zu schützen. Dass sie von den Unterdrückerregimen als unstatthafte Einmischung empfunden wird, war erwartbar. Aber sie ist gewollt. Die Naumann-Stiftung hat jetzt mit einer besonderen Aktion diese Deklaration in Erinnerung gerufen unter Bezugnahme von Beispielen überall in der Welt.

Im Lauf der Jahrzehnte ist immer stärker ins Bewusstsein gekommen, dass die Durchsetzung der Menschenrechte davon abhängt, dass Einzelne Widerstand gegen Willkür, Ausbeutung, Armut und Missachtung ihrer Bürgerrechte leisten. Die Menschenrechtsverteidiger leitet die tiefe Überzeugung von der Würde des Menschen. Diese birgt eine kämpferische Kraft, die freiheitsliebend, ungebunden und zukunftsorientiert ist. Sie äußert sich in dem Willen, selbstbestimmt zu leben und mitzubestimmen. Artikel 1 unseres Grundgesetzes verpflichtet alle staatliche Gewalt, dieses Prinzip nicht nur hierzulande zu achten, sondern bei allen internationalen Aktivitäten. Protest gegen die Unterdrückung der Uiguren oder gegen Zwangsarbeit in Katar ist ein Grundgesetzauftrag, ganz gleich wie man ihn wahrnimmt.

Menschenrechtsverteidiger, die sich exponieren und für Demokratie, Freiheit und Menschenrechte eintreten, brauchen jede Unterstützung. Als Einzelne geben sie dem Unmut und der Unfreiheit vieler ein Gesicht und setzen sich mit ihrem Namen, ihrem Leben und ihrer Freiheit für eine Veränderung ein. Vielfach werden sie tätig im Rahmen von Nichtregierungsorganisationen. Deren unverzichtbare Rolle bei der Durchsetzung der Menschenrechte ist in der Schlusserklärung der Menschenrechtskonferenz 1993 in Wien bekräftigt worden. NGOs wie Human Rights Watch und Amnesty International dokumentieren weltweit Menschenrechtsverletzungen, bringen Missstände ins Bewusstsein und erhöhen so den Druck auf die Politik.

VOM MUT, SICH FÜR DIE RICHTIGE SACHE EINZUSETZEN

Wer sind diese Menschen, die für die Freiheit kämpfen? Es gibt sie weltweit. Es sind Junge und Alte, Männer und Frauen. Sie setzen sich für eine bessere Gesundheits- und Nahrungssituation und für die Bildung ihrer Kinder ein. Bewundernswert sind ihre Aktivitäten in den großen Flüchtlingslagern, etwa im Nahen Osten.

Sie bemühen sich, dass Wahlen und Versammlungen an entlegenen Orten erfolgen können, dass Menschen über die Risiken der Pandemie informiert werden oder die Natur vor Raubbau und Umweltkatastrophen bewahrt wird. Das Einsatzgebiet von Menschenrechtsverteidigern und -verteidigerinnen ist vielfältig und richtet sich nach der Situation vor Ort und der Vulnerabilität derjenigen, die unterstützt werden müssen. Ihr Engagement ist notwendig, um die Welt und unser Zusammenleben zu verbessern.

Sie können sich auf ein reiches Erbe mutiger Freiheitskämpfer in der Geschichte berufen, auf Menschen wie den schwarzen Bürgerrechtler Martin Luther King, auf Mahatma Ghandi, den charismatischen Anführer der indischen Unabhängigkeitsbewegung, oder auf Shirin Ebadi, Friedensnobelpreisträgerin und ehemalige Richterin in Iran, die sich unermüdlich für Grundrechte in ihrem Land einsetzt. Auf Nelson Mandela, der gegen das Apartheid-Regime in Südafrika aufbegehrte, 27 Jahre lang in Haft saß und schließlich Präsident seines befreiten Landes wurde. Ich habe ihn nach seiner Haftentlassung getroffen und an dem ersten Parteikongress teilgenommen, auf dem er gewählt wurde.

Menschenrechtsverteidiger und -verteidigerinnen brauchen Mut, Freiheitswillen und Aufrichtigkeit. Sie zeichnen sich durch ihre freiheitlichen und auf den Schutz der Menschenwürde ausgerichteten Handlungen aus. Sie setzen einen Kontrapunkt zur Handlungsunfähigkeit von politisch Verantwortlichen. Nur durch ihr Engagement werden Menschenrechte immer wieder auf die politische Agenda gesetzt, auch dort, wo Regierungen gerade dabei sind, diese auszuhebeln, oder sie längst missachten. Dabei gehen sie ein hohes persönliches Risiko ein, denn sie fordern jene heraus, deren Macht und Privilegien der Freiheit aller im Wege stehen.

Nicht selten ist die körperliche Unversehrtheit der Menschenrechtsverteidiger und -verteidigerinnen gefährdet. Kriminelle Straftäter, die Verbrechen begangen haben, werden oft besser behandelt und erfahren in Haft gewisse Standards, die weltweit nach der Allgemeinen Erklärung der Menschenrechte, der Europäischen Menschenrechtskonvention und anderen internationalen Verträgen geregelt sind. Menschenrechtsverteidigerinnen und -verteidiger werden hingegen nicht nur diskriminiert, verfolgt oder gar weggesperrt, in Gefängnissen werden sie zudem nicht selten gefoltert und ermordet.

Die UN-Erklärung von 1998 setzt die Standards für Menschenrechtsverteidigerinnen und -verteidiger. Sie wird nicht dadurch überflüssig, dass sich Diktaturen nicht an sie halten, selbst dann nicht, wenn sie in der Generalversammlung für die Erklärung gestimmt haben. Eine solche Verpflichtung der Völkergemeinschaft setzt die Machthaber unter Druck. Sie werden isoliert, müssen Nachteile für ihr Land vor ihren Bürgerinnen und Bürgern erklären. Wenn sie die Nichtbeachtung nicht leugnen können, dann versuchen sie diese durch angeblich übergeordnete Ziele zu rechtfertigen, indem sie etwa Menschenrechtsverteidiger zu Terroristen erklären.

Auch im Exil werden Menschenrechtsverteidigerinnen wie Masih Alinejad aus dem Iran und Mu Sochua aus Kambodscha verfolgt und mit Hass überschüttet. Das hindert sie nicht daran, sich weiter für andere Opfer einzusetzen und anderen Verfolgten eine Stimme zu geben. »Mein Engagement für die Verteidigung der Menschenrechte, der Benachteiligten und Ausgegrenzten hat nicht nachgelassen, nur weil ich jetzt selbst ein Opfer bin«, erklärt die philippinische liberale Oppositionspolitikerin und Menschenrechtsverteidigerin Leila de Lima, die seit vier Jahren in Haft sitzt. Vielen bleibt keine Wahl. Entweder sie verlassen das Land, wenn sie es noch können, oder sie bleiben, um Widerstand zu leisten. Nawalny entging nur knapp einem Giftanschlag russischer Geheimdienstagenten und reiste trotzdem nach seiner Genesung in Deutschland zurück in sein Land, wo er sofort verhaftet wurde.

Die weißrussische Musikpädagogin und Bürgerrechtlerin Maria Kalesnikava zerriss ihren Pass, um ihre Abschiebung aus Belarus zu verhindern. Seit September 2020 sitzt sie in

Lagerhaft, voraussichtlich für elf Jahre, sie soll zermürbt, gedemütigt und letztlich zerstört werden. Ich finde ihren Kampfesmut bewundernswert. Maria Kalesnikava ist im Land geblieben, mit allen Risiken für ihr eigenes Wohl, um all denen nahe zu sein, die so fühlen wie sie. Sie ist eine Patriotin. Sie liebt ihr Land und lässt sich nicht vertreiben. Sie weiß, dass der Kampf von innen heraus die Machthaber in besonderer Weise herausfordert. 2021 haben wir sie mit dem Menschenrechtspreis der Gerhart und Renate Baum-Stiftung geehrt.

Der Widerstand gegen das Regime ist berechtigt. Sein Denken und Handeln ist ein Relikt aus alten Sowjetzeiten. Aber das Regime in Belarus ist erschöpft, hat abgewirtschaftet. Es bietet den Menschen keine Zukunftsperspektive, weil es ihnen die Freiheit verweigert. Es hat sich zur Kriegspartei von Putin gemacht und damit den letzten Rest an Kredit der Staatengemeinschaft verspielt.

2020 waren in Belarus Perspektiven für einen Amtswechsel sichtbar geworden – mit Viktor Babariko an der Spitze. Es gab eine Aufbruchsstimmung, es entwickelte sich eine neue Dynamik. Der Präsident Alexander Lukaschenko aber ließ die Protestierenden inhaftieren. Als Svetlana Tichanovskaja für ihren inhaftierten Mann, einen prominenten systemkritischen Blogger, dessen Kandidatur verweigert worden war, in die Bresche sprang, ließ Lukaschenko ihre Kandidatur zu, in der Annahme, dass sie keinen Erfolg haben würde. »Unsere Gesellschaft ist nicht reif genug, um für eine Frau zu stimmen«, ließ er verlauten. Aber es waren gerade die Frauen, die die Bewegung vorangetrieben haben.

Die Unterstützerbasis umfasste letztlich alle Oppositionsgruppen. Lukaschenko konnte sich am Ende nur behaupten, indem er die Wahl fälschte – zum wiederholten Mal in den letzten 28 Jahren. Nur diesmal blieb es nicht ohne Folgen. Mehr als hunderttausend Menschen gingen auf die Straße. Immer wieder.

Gemeinsam mit Svetlana Tichanovskaja und Veronika Zepkalo wurde Maria Kaleskinava zur weiblichen Ikone des Widerstands in Belarus. Gerade mit ihrem fröhlich-kämpferischen Auftreten, ihrer energiegeladenen Körpersprache, mit ihrer Fähigkeit zu begeistern drückt sie das aus, was die Menschen zu wütendem, aber immer bewusst friedlichem Protest veranlasst.

Meine Frau und ich haben Maria Kalesnikava als Künstlerin und Kulturmanagerin in Stuttgart erlebt, ich als Vorsitzender des Kuratoriums »Musik der Jahrhunderte«. Maria hat an der Stuttgarter Musikhochschule ihren Abschluss gemacht, wirkte in der Stadt als Musiklehrerin und Kulturmanagerin. Bei der Preisverleihung des Kuratoriums wurde ein Musikstück uraufgeführt, das für ihr Ensemble »vis-à-vis« komponiert wurde. Nur konnte sie leider ihren Flötenpart nicht selbst spielen, da sie schon in

Haft saß. Heute wird diese großartige Frau unter entwürdigenden Umständen in einem Straflager gefangen gehalten.

2019 holte der Kunstförderer und Oppositionelle Viktor Babariko Maria nach Minsk, mit dem Auftrag, dort ein Kulturzentrum aufzubauen. Ihr Leben spielte sich zwischen Deutschland und Belarus ab. Daneben bildete sie sich weiter als Rednerin und wurde zu einem virtuosen Medienprofi. Nach der Verhaftung ihres Mentors im Juli 2020 übernahm Maria seine politische Rolle in der Opposition. Und sie weiß um die nachhaltige Kraft der Kunst. Die Kunst schafft Räume zur Veränderung, oder – wie Schiller sagte – »die Kunst ist eine Tochter der Freiheit«. Demokratie und Kunst sind untrennbar miteinander verbunden.

Den Menschenrechtspreis der Gerhart und Renate Baum-Stiftung für das Jahr 2023 wird die ukrainische Schriftstellerin Katja Petrowskaja erhalten für ihre eindrucksvollen Bilder und Erzählungen, die uns in besonderer Weise die Geschichte ihres Landes in das Bewusstsein holen. Wir haben uns mit der Ukraine, seinen Menschen, seiner Geschichte lange nicht ernsthaft befasst. Petrowskaja hilft uns dabei, das Land zu verstehen.

Was können wir, die wir das Glück haben, in Freiheit zu leben, von außen tun? Auf jeden Fall mehr als bisher. Wir, die Europäer und die gesamte freie Welt, müssen unsere Werte zur

Geltung bringen. Wir müssen Freiheitskämpferinnen wie Maria Kalesnikava und ihre Mitstreiter immer wieder ermuntern, nicht aufzugeben. Kräftigen wir sie durch unsere Solidarität. Kämpfen wir für ihre Freilassung aus der Haft. Denken wir in diesem Augenblick an alle, die weltweit in Situationen der Unterdrückung für die Freiheit kämpfen – immer wieder gegen korrupte Machtcliquen, die ihre Länder ausplündern. Denken wir an die Beseitigung der Demokratie in Myanmar durch die Militärjunta. Denken wir an Hongkong, an die unterdrückten Uiguren in China. Ich habe mich viele Jahre weltweit für die Menschenrechte eingesetzt, im Auftrag der Bundesregierung und im Auftrag der Vereinten Nationen. Ich weiß, wie wichtig für diese Menschen ist, dass man sie wahrnimmt, dass man Anteil nimmt an ihrem Schicksal und nicht schweigt – sondern, wenn es irgend geht, handelt. Das gilt auch für Whistleblower, die Wahrheiten aussprechen, die Missstände unserer Grundordnung anprangern.

SCHÜTZT DIE WHISTLEBLOWER!

Der CIA-Mitarbeiter Edward Snowden hat uns 2013 über die weltweite Datenerfassung durch US-amerikanische und andere westliche Geheimdienste unterrichtet und lebt seitdem im russischen Exil. Die geleakten Informationen waren ein bis heute nachwirkender Schock. Ich habe im Lauf der Jahre Reden bei öffentlichen Preisverleihungen für ihn und seine Mitstreiter Laura Poitras und Glenn Greenwald gehalten. Snowden, den ich mehrfach in Moskau getroffen habe, hat der Menschheit die Augen für die Gefahren staatlicher Bespitzelung geöffnet – und das ganz uneigennützig. Er hat als Einziger von Zigtausenden US-Geheimdienstmitarbeitern den Mut gehabt, unsere Werte zu verteidigen. Und wir haben aus Angst vor den USA nicht einmal den Mut gehabt, ihn in Deutschland aufzunehmen. Und dabei setzen sich diese, wie Snowden es beschrieben hat, nach wie vor mit ihren Sicherheitsbehörden über unsere Rechtsordnung hinweg.

Die von Assange gegründete Plattform Wikileaks sammelte Dokumente von internationalen Regimekritikern und Insidern, die unethisches Verhalten von Regierungen und ihren Organen dokumentieren, darunter Kriegsverbrechen und Korruption der USA während der Kriege in Afghanistan und im Irak. Anschließend machte sie diese öffentlich. Für seine Verdienste wurde Assange mit dem Amnesty International Media Award (2009), dem Global Exchange Human Rights Award (2013) und dem Stuttgarter Friedenspreis ausgezeichnet. Doch er gilt in den USA nicht als Menschenrechtsverteidiger, sondern als Landesverräter, der zeitweise ins Asyl der ecuadorianischen Botschaft in

London fliehen musste. Sollte er, wie von Großbritannien bewilligt, in die USA ausgeliefert werden, drohen ihm bis zu 175 Jahre Gefängnis.

Ich denke, die USA sollten auf die Auslieferung verzichten und Assange sollte endlich freikommen – wir müssen ihn als Journalisten sehen, auch wenn es mich mehr als irritiert hat, dass er seine Plattform im US-Wahlkampf genutzt hat, um die Wahl Hillary Clintons zu verhindern. Da war er nicht mehr Journalist, sondern Teil einer Kampagne. Aber das rechtfertigt nicht seine Auslieferung.

Es besteht dringender Anlass, Whistleblower zu schützen und ihre gesellschaftliche Stellung zu stärken. Der deutsche Bundesjustizminister und die EU-Kommission haben Gesetzentwürfe zum Schutz von Whistleblowern vorgelegt. Man wird beobachten müssen, ob dadurch tatsächlich wirksamer Schutz geleistet wird. Wir dürfen sie jedenfalls nicht ihrem Schicksal überlassen. Der Preis, den sie für ihren Mut bezahlen, ist hoch genug. Nur dann werden sich auch in Zukunft Informanten und Hinweisgeber ermutigt fühlen, für die Freiheit einzutreten. Ein herausragendes Beispiel ist Daniel Ellsberg, der 1971 mit der Enthüllung der »Pentagon Papers« maßgeblich zum Ende des Vietnamkrieges beigetragen hat, der auf Lügen der US-Regierung aufgebaut war. Als Mitorganisator des jährlich verliehenen Dresdner Friedenspreises habe ich mich dafür eingesetzt, dass er ihn im Jahr 2016 erhalten hat. Er war das Vorbild für Snowden.

Vergessen wir in diesem Zusammenhang auch nicht die Rolle der Presse und die der mutigen Journalisten, die dorthin schauen, wo Unrecht geschieht, und das »Recht verteidigen, zu informieren und sich zu informieren«, wie es in den Statuten des Netzwerks Reporter ohne Grenzen heißt. Whistleblower wie Edward Snowden oder Julian Assange brauchen Medien, die ihre Erkenntnisse aufbereiten und einer breiten Öffentlichkeit zugänglich machen. Auch bei uns versteckt sich der Staat gerne allzu oft hinter angeblichen Staatsgeheimnissen und beschränkt damit die Informationsfreiheit.

Reporter ohne Grenzen unterstützt zensierte Medien, setzt sich für verfolgte Journalistinnen und Journalisten ein, interveniert bei Regierungen und informiert die Weltöffentlichkeit über Verletzungen der Pressefreiheit. Wenn Nawalny, Kalesnikawa und andere dem Kampf für Menschenrechte ein Gesicht geben, so geben Journalisten ihm eine Stimme.

Weitere Beteiligte im Umfeld der Menschenrechtsverteidiger sind deren Anwälte. Druck, Einschüchterung, Berufsverbot – das ist nicht selten der Alltag derjenigen, die führende Persönlichkeiten der demokratischen Bewegung in Belarus vertreten, um ein Beispiel hervorzuheben. Im Zusammenhang mit ihrer beruflichen Tätigkeit sind sie nun selbst Ziel von Verfolgung durch die belarussische Staatsmacht. Einer ganzen Reihe von ihnen wurde wegen ihres Einsatzes die Zulassung entzogen – und damit in vielen Fällen die Existenzgrundlage. Einige sind sogar in Haft. Zehn Jahre mit verschärften Bedingungen für Maria Kalesnikavas Anwalt Maksim Snak.

Es ist kein Zufall, dass so viele Menschenrechtsverteidiger Juristen sind. Und es ist kein Zufall, dass mich als Juristen das Thema der Menschenrechte so bewegt. Das Recht ist das wirksamste Instrument, wenn es darum geht, der Menschenwürde Geltung zu verschaffen. Wer es ernst nimmt, kann sich nicht raushalten. Zumal es für uns Deutsche meines Erachtens eine besondere Verpflichtung gibt, für die Menschenrechte zu kämpfen.

Unsere Vergangenheit verpflichtet uns. Unser Land ist verantwortlich für Verbrechen, die das Gewissen der Menschheit zutiefst verletzt haben. Wir haben uns nicht selbst befreit. Wir haben eine Demokratie aufgebaut, dabei wurde uns geholfen. Wir haben uns mit der Welt versöhnt. Wir haben weltweit Vertrauen aufgebaut, das schließlich zur Wiedervereinigung und zur Befreiung Osteuropas führte. Wir leben in einem vereinten Europa. Wer sollte stärker als wir motiviert sein, Verbündete derjenigen in aller Welt zu sein, die dieses Glück nicht haben? »In einem vereinten Europa dem Frieden zu dienen« – diesen Auftrag des Grundgesetzes haben wir zu erfüllen. Er ist Richtschnur unserer Politik, auch wenn das manchmal nicht konsequent genug geschieht. Unser moralischer Status in der Welt gründet auf dem »Nie wieder«, dem müssen wir gerecht werden.

HÖRIGKEIT UND ANGST – WAS LÄSST BÜRGER ZU UNTERTANEN WERDEN?

»Das Rätsel der Tyrannenherrschaft ist so unergründlich wie die Liebe«, schrieb der französische Richter und Gelegenheitspublizist Étienne de La Boétie vor fast 500 Jahren. Wie würde er staunen, wenn er erführe, dass auch heute noch Menschen scheinbar freiwillig Tyrannen folgen. Woher kommt diese Neigung zur Unterwerfung? Warum scheinen ganze Nationen den damit verbundenen Freiheitsverlust gar nicht zu empfinden? Und warum stehen, nach all dem, was uns die Geschichte über Diktaturen gelehrt hat, auch in Demokratien noch viele Menschen den freiheitlichen Grundwerten gleichgültig gegenüber? Diese Fragen berühren auch das Menschenrechtsthema, denn in Unfreiheit kann es keine Gewähr für Menschenrechte geben.

Der Psychoanalytiker und überzeugte Humanist Erich Fromm sah ein Grundübel moderner Gesellschaften im zunehmenden Konformismus: »Unsere Kultur hat die Tendenz, Menschen hervorzubringen, die keinen Mut mehr haben und die es nicht wagen, auf anregende und intensive Weise zu leben. Wir werden darauf getrimmt, nach Sicherheit als Lebensstil zu streben. Diese lässt sich hier nur dadurch erreichen, dass man sich vollkommen anpasst und gefühllos wird.« Unsicherheit und Risikobereitschaft, so seine Botschaft, gehörten zum Wesen des freien Menschen. Noch deutlicher formulierte er:»Der freie Mensch ist sich notwendigerweise seiner Sache nicht gewiss. Der Glaube an das Leben und die produktiven Kräfte, die in jedem Menschen wohnen, begleiten den Weg zum selbstbewussten: Ich bin ich.«

Das Beängstigende ist, dass nicht wenige Menschen den Wunsch haben, vor jedem Risiko beschützt zu werden, etwa wenn es um Verbrechensbekämpfung geht. Sie sind willfährige Opfer von Politikern, die Schutz versprechen, nachdem sie vorher Angst verbreitet haben. Diese Politiker verschweigen, dass unnötig Freiheit geopfert wird, um den Sicherheitswahn zu befriedigen. Viele Menschen verzichten auf Freiheitsrechte, auch dort, wo es gar nicht notwendig ist. Andererseits sehen wir Menschen, die ein Freiheitsverständnis praktizieren, das nicht von Verantwortung geprägt ist. Sie misstrauen dem Staat auch dort, wo Schutzaufgaben gefordert sind. Ich denke an die sogenannte Querdenkerszene, die Zulauf sowohl aus dem linken als auch aus dem rechten Spektrum bekommt, aber in gefährlicher Weise über beide Milieus hinausgeht. Der Verfassungsschutz erfasst sie inzwischen unter der Kategorie: »Demokratiefeindliche und / oder sicherheitsgefährdende Delegitimierung des Staates«. Verfassungsgrundsätze sollen außer Kraft gesetzt, die Funktionsfähigkeit des Staates beeinträchtigt werden. Es sind Menschen, die sich Verschwörungstheorien und der Desinformation ausliefern.

Nur in der Demokratie ist der Mensch frei. Ja, sogar so frei, dass er die Demokratie ablehnen kann. Aber die Systemverächter bilden eine wachsende Gefahr in unserer Gesellschaft. Heute mobilisiert das Virus und die Folgen des Krieges, morgen werden es andere Themen sein. Preiserhöhungen zum Beispiel oder andere Zumutungen, die eine Zukunft im Klimawandel bringen könnte.

SEHNSUCHT NACH DER STARKEN HAND: REGRESSION DER DEMOKRATIE

Wir erleben eine weltweite Regression der Demokratie auch in bisher gefestigten demokratischen Gesellschaften. Die rechtsextreme Marie Le Pen hatte Chancen, Präsidentin Frankreichs zu werden. Im Zuge ihrer Kandidaturen stellte sich heraus: Etwa vierzig Prozent der Franzosen haben Vorbehalte gegenüber unserer europäischen Wertegemeinschaft, wie sie sich in der EU zusammengeschlossen hat. Eine ähnlich starke Minderheit gibt es in Italien. Und in Brasilien regiert mit Jair Bolsonaro noch ein Mann, der sich öffentlich mit seinen frauenfeindlichen, homophoben, rassistischen oder umweltfeindlichen Positionen brüstet.

Man darf aber in diesem Zusammenhang nicht übersehen, dass wir es bei den Unterstützern derartiger politischer Figuren nicht nur mit gleichgültigen Hörigen zu tun haben, sondern eben auch mit Überzeugungstätern, die kein Problem darin sehen, die Freiheit für ihre Ziele einzuschränken. Zur Freiheit der Demokratie gehört auch das Risiko, dass sie sich selbst sabotiert oder sogar abschafft. Nicht jeder Autokrat hat sich an die Macht geputscht, viele wurden gewählt, obwohl die Wähler eigentlich wissen mussten, dass der Gewählte ihre Interessen verraten würde.

Es wäre auch ein Albtraum, Trump käme wieder an die Macht. Der Weltfrieden und eine stabile Weltordnung sind in großer Gefahr. 2016 wählte die Hälfte der Amerikaner freiwillig einen Präsidenten, der mit dem erklärten Willen antrat, die Demokratie zu unterminieren. Dieser Wille ist allerdings erst mit seinem Regierungshandeln voll sichtbar geworden. Es war eine freie Wahl, aber ein Teil der Wähler ist über das Internet massiv manipuliert worden, wie wir heute wissen, von russischen

Hackern und auch vom australischen Investigativjournalisten und Computeraktivisten Julian Assange. Dennoch: Auch als eklatante Verstöße gegen die verfassungsmäßigen Grundsätze bekannt wurden, hat das ein großer Teil der Wählerschaft nicht als anstößig empfunden. Donald Trump konnte sie für seine Ziele gewinnen. Aber dennoch waren die USA zu keiner Zeit unter Trump eine Diktatur. Es gab starke demokratische Gegenkräfte, und der unsägliche Präsident wurde schließlich nach einer Amtszeit abgewählt. Unsere Besorgnis über die Entwicklung in den USA, einem gespaltenen Land, sind berechtigt, aber auch meine Hoffnung in die demokratischen Abwehrkräfte. Seit Jahrzehnten gibt es bei uns einen offenen und einen latenten Anti-Amerikanismus, den ich nie geteilt habe. George Bush sen. zum Beispiel war entscheidend für das Gelingen der Wiedervereinigung, um nur einen Punkt zu nennen.

Auch wir Deutsche haben allen Anlass, uns mit der Frage nach der Hörigkeit zu beschäftigen. Wie kam es, dass Millionen Deutsche einer nationalsozialistischen Mörderbande in den Untergang folgten, obwohl die Demokratie in der Weimarer Republik sich zu entwickeln begonnen hatte? Es gab eben eine Disposition zur Unfreiheit und eine überzeugte Unterstützung nationalsozialistischer Ziele – man denke nur an den weitverbreiteten Antisemitismus –, und eben eine Gleichgültigkeit der Demokratie gegenüber, die man nicht für verteidigungswürdig hielt. Auch in unserer Gesellschaft gibt es – allerdings nicht vergleichbare – Tendenzen in diese Richtung. Das System, das dabei bekämpft wird, ist unsere demokratische Ordnung mitsamt ihren Spielregeln.

Die Nazis gingen brutal vor, um die Macht an sich zu reißen, aber sie trafen auch auf viel zu viele, die ihnen eine Disposition zur Verführung entgegenbrachten. Joseph Goebbels konnte auf diesem Nährboden das »Weltjudentum« und die »slawischen Untermenschen« zu Feindbildern aufbauen und ein Aggressionspotenzial anzapfen, das keine Grenzen mehr kannte. Das 19. Jahrhundert war für die Deutschen kein Jahrhundert der Freiheit. Die Entwicklung zum Nationalstaat fand nicht unter der Prämisse der Freiheit statt. Die Revolution von 1848, die das hätte bewirken können, scheiterte. Die Deutschen hatten in ihrer Geschichte ein zwiespältiges Verhältnis zur Freiheit. Es fehlte eben eine richtige Revolution.

Ein Verführungsgift ist dabei die Desinformation, wobei die Verführer oft selbst von ihren abstrusen Weltbildern überzeugt sind. Hitler wähnte sich und die vermeintlich germanische Rasse vom »Weltjudentum« verfolgt. Das hat er lange vor der Machtergreifung in *Mein Kampf* aufgeschrieben. Auch Putin hat die Vernichtung der Ukraine in ihrer Staatlichkeit in Reden angekündigt. Der Mensch, das hat die Geschichte immer wieder gezeigt, ist manipulierbar, das gilt umso mehr in Zeiten, in denen sich Lügen und Propaganda in den Echokammern des Internets in nie gekannter Form verbreiten können.

Der eingangs zitierte La Boétie konnte von alldem noch gar nichts wissen. Für ihn war jeder Machthaber nur an der Macht und ihrer Erhaltung interessiert. Dieser fatalistischen Einsicht lässt er jedoch in seiner Abhandlung einen Gedanken folgen, der auch heute noch Gültigkeit hat: Die Unterdrückung vieler Menschen durch einen einzigen sei nur so lange möglich, wie die vielen sich unterwerfen, statt sich kollektiv zu widersetzen. Seine Kernbotschaft – »Seid entschlossen, nicht mehr zu dienen, und ihr seid frei!« – liest sich wie ein Vorgriff auf das Konzept des »zivilen Ungehorsams«, mit dem später Freiheitskämpfer wie Martin Luther King und Mahatma Gandhi gegen Willkür und Ungerechtigkeit aufbegehrten.

Man kann nur hoffen, dass die Saat dieser Ideen eines Tages auch dort aufgeht, wo Tyrannen die Unfreiheit zum Naturgesetz erklären. In Gesellschaften, in denen die Freiheit keine Mehrheit findet, und das nicht nur, weil die Menschen verführt werden, sondern weil sie es als bequem ansehen. Demokratie dagegen ist anstrengend. Die Gleichgültigen gehen die Anstrengungen und Risiken gar nicht erst ein. Sie sind Verfügungsmasse in den Händen der Diktatoren. Sie lassen sich leicht verführen.

Aber wie kann man ihnen die Augen öffnen? Ausgangspunkt ist immer die Stärkung der Demokratie im jeweils eigenen Land. Ich denke an die Stärkung des Modells der repräsentativen Demokratie, die hierzulande in Verruf geraten ist, aber auch an neue Formen demokratischer Mitwirkung. Ich denke an Mobilisierung der Wähler. Wir sind in einer Epochenwende, und die Wahlbeteiligung sinkt! Notwendig ist die Motivation vor allem junger Menschen, damit sie sich für das Gemeinwohl engagieren. Das geht in erster Linie durch gute Politik, die ihren berechtigten Zukunftssorgen Rechnung trägt und dadurch Identifikation möglich macht. In den Diktaturen sind es die mutigen Menschenrechtsverteidiger, die Zögernde motivieren können. Und immer wieder kommt es darauf an: Unrecht zu benennen, ganz gleich, wo es begangen wird.

9

HANDLUNGSSPIELRÄUME IN AUSSENPOLITIK UND WIRTSCHAFT

Eine Außenpolitik, die nicht wertorientiert ist, ist für mich nicht vorstellbar. Ich weiß, dass die Mehrheit aller Staaten diesen Werteansprüchen nicht genügt. Dennoch unterhalten wir zu ihnen diplomatische und auch wirtschaftliche Beziehungen. Und das ist richtig. Diese Position darf uns, die Demokratien, aber nicht daran hindern, Menschenrechtspolitik zum Teil unserer Außenpolitik zu machen. Menschenrechtspolitik ist ein Querschnittsthema internationaler Politik, das sich auf mehrere Bereiche erstreckt – aber eben zusammen mit anderen Themen wie Friedenspolitik oder wirtschaftliche Beziehungen.

Diese drei Elemente in eine Beziehung zu setzen, das war der große Fortschritt des Helsinki-Vertrags, der Basis der Ost-West-Beziehungen. Im Zuge der Entspannungsphase des Kalten Krieges unterzeichneten am

1. August 1975 die Vertreter von 35 Staaten die sogenannte Schlussakte von Helsinki. Ein wichtiges Element war die Anerkennung der bestehenden Grenzen, vor allem der Oder-Neiße-Grenze. Die innerdeutsche Grenze wurde allerdings für eine friedliche Lösung offengehalten – eine Grundbedingung für unsere Zustimmung. Beide Seiten bewerteten die Schlussakte als Erfolg. Während die Staaten des Warschauer Paktes durch sie ihre territoriale Integrität sowie die Unverletzlichkeit ihrer Grenzen bestätigt sahen, erwartete der Westen Fortschritte bei der Einhaltung der Menschenrechte im Osten. Und das geschah auch.

Helsinki hat Demokratiebewegungen in Osteuropa gestärkt, aber auch die Wirtschaftsbeziehungen. Es ist ein Jammer, dass diese partnerschaftliche Lösung, die 1990 nach dem Fall der Sowjetunion von den Helsinki-Staaten in der Charta von Paris zu einer Friedens- und Freiheitsunion verdichtet wurde, von Putin einfach zerstört worden ist.

Es gibt Außenpolitiker, die Menschenrechtspolitik als eher störend empfinden bei ihren Versuchen, die Welt neu zu ordnen. So unterstützten die USA unter Außenminister Henry Kissinger lange das Unrechtsregime von Auguste Pinochet in Chile. Seinen Militärputsch hatten die USA ebenfalls befördert, weil verlässliche Diktaturen bevorzugt wurden, zumal wenn deren Opposition den USA kritisch gegenüberstanden. Aber ohne Respekt vor den Menschenrechten sind Frieden und Stabilität auf Sand gebaut. Von dieser Einsicht dürfen wir uns nicht entfernen.

Ein gutes Beispiel ist Südafrika. Viel zu lange war der Schlachtruf der Freiheitskämpfer dort – *One man, one vote* – vom Westen belächelt worden. Das gehe doch gar nicht mit den Schwarzen, so die überhebliche, rassistische Meinung damals. Doch ab Mitte der Achtzigerjahre wurde das Apartheidregime, lange genug vom Westen unterstützt und geduldet, mehr und mehr international isoliert. Wirtschaftssanktionen setzten es unter Druck, Oppositionelle der Anti-Apartheid-Bewegung wurden politisch massiv von außen unterstützt. Ich war oft genug in Südafrika und habe diesen Transformationsprozess aus nächster Nähe miterlebt. Die rein von eigenen Interessen geleitete sogenannte Realpolitik, wie sie Teile der Union von CDU und CSU damals betrieben, musste scheitern. Auch in Südafrika hat der Zusammenbruch der Sowjetunion als Schubkraft gewirkt.

Ich bin nach wie vor der Meinung, dass wir in der Menschenrechtspolitik um unser selbst willen tätig werden müssen und um der Menschen willen, die überall auf der Welt nach Freiheit streben. Selbst wenn wir ihnen unmittelbar gar nicht helfen können. Aber sie müssen wissen, dass wir so denken wie sie, dass wir uns für sie einsetzen. Auf der anderen Seite müssen wir manch gut gemeintes Engagement mit neuen, realistischeren Augen sehen. Die reine Friedenssicherung steht auf tönernen Füßen, wenn es keine Zivilgesellschaft gibt, die das trägt. Das zeigt das Beispiel Afghanistan.

Immer wieder steht die »freie Welt« in einem Konflikt zwischen Wertorientierung und Interessen. Russland ist ein Extremfall. Die Reaktion auf einen mörderischen Angriffskrieg lässt keinen Spielraum zu. In einem solchen Fall sind drastische Sanktionen unumgänglich. Dazu gehören auch die Rohstoffimporte, die den Krieg finanzieren. Ein Zögern erwächst hier aus der Energie-Abhängigkeit, in die sich unser Land offenen Auges begeben hat. Sigmar Gabriel hat kürzlich mit beeindruckender Selbstkritik die Fehleinschätzung der russischen Absichten als »das größte Scheitern der deutschen Außenpolitik seit dem Beginn der Bundesrepublik« bezeichnet.

Natürlich sind wir, als Exportland, von Wirtschaftsbeziehungen zu vielen Ländern abhängig, auch zu denjenigen, die Menschenrechte verletzen. Diese sind aber auch vom Handel mit uns abhängig! Wir sollten ihnen daher ehrlich die Grenzen unseres Tuns aufzeigen. Sie sollten wissen, wie wir über sie denken und dass wir Solidarität mit denen üben, die dort für Menschenrechte kämpfen.

Wandel durch Handel, oder wie es Egon Bahr im Kalten Krieg formulierte: »Wandel durch

Annäherung«, ist nicht mehr aktuell. Auch wir haben uns damals wandeln müssen. Wir haben die DDR anerkannt – ein Regime, das unsere Landsleute unterdrückt hat. Wir haben die Oder-Neiße-Linie anerkannt – eine entscheidende Voraussetzung später für die Wiedervereinigung. Ich musste als Innenminister, der ich auch für Flüchtlingsfragen zuständig war, vor den Sudetendeutschen reden und ihnen unter lautem Protest die neue Ostpolitik erklären. Unsere Gesellschaft war total polarisiert. Brandt wurde verhöhnt, die FDP verlor den konservativen Flügel. Wir haben uns den Folgen des Zweiten Weltkriegs stellen müssen. Damals haben wir mit Leuten in der Sowjetunion verhandelt, die vertragstreu waren.

Das Prinzip »Wandel durch Handel« *kann* eine gewisse Wirkung haben. Es ist aber nicht ausgemacht, welche Wirkung es in China haben wird, einer Nation, die auf Handel existentiell angewiesen ist. Auf der Wohlstandsmehrung im eigenen Land beruht die innenpolitische Stabilität des Landes. China argumentiert denn auch, sein System verwirkliche die »sozialen und wirtschaftlichen Menschenrechte«. Man hole das Volk aus der Armut. Das ist sogar richtig und stellt auch die meisten Chinesen zufrieden. China hat diese Priorität – sie sichert die Macht und gefährdet die Führung nicht. Die bürgerlichen Freiheiten hingegen stehen nicht auf der Agenda. Dennoch müssen wir sie vertreten und diejenigen unterstützen, die dafür kämpfen – leider in Hongkong, wie schon erwähnt, vergebens.

Unsere Einflussnahme stößt an Grenzen. Auch wenn es oft so ist, dürfen wir uns nicht einreden lassen, dass eine auf die Menschenwürde gestützte Politik für andere Völker nicht gelte. Ist denn eine Gesellschaft, die nur auf wirtschaftlichen Fortschritt gegründet ist, auf Dauer stabil und menschenwürdig?

Natürlich wird man den Handelsverkehr mit China vernünftigerweise nicht infrage stellen, aber zu große Abhängigkeiten – etwa in der deutschen Automobilindustrie oder auch in der Solarindustrie mit Importen von Rohstoffen aus der Uigurenprovinz – doch mindern müssen. Die Handelsinteressen des Landes müssen unser Hebel sein, um im Sinne der Menschenrechte einzuwirken – denn: Menschenrechtsmotivierte Politik muss immer darauf aus sein, etwas zu ändern. Die Kritik an Menschenrechtsverletzungen in China darf aus Handelsinteressen nicht zurückgenommen werden – und Waren, die durch Zwangsarbeit der Uiguren hergestellt werden, sind schlicht nicht akzeptabel.

DIE NEUE VERANTWORTUNG DER UNTERNEHMEN

Im Lauf der Jahrzehnte hat sich nicht nur in der Öffentlichkeit ein Bewusstsein dafür entwickelt, dass Wirtschaftsunternehmen Verantwortung für den Schutz der Menschenrechte haben, sondern auch in der Politik und in der Gerichtsbarkeit. Zunehmend werden Firmen unmittelbar wegen Menschenrechtsverletzungen in die Pflicht genommen. Dahinter steckt das Ziel, wirtschaftliche Aktivitäten im Völkerstrafrecht abzubilden und juristische Personen, also die Firmen und deren Führungskräfte, zur Verantwortung zu ziehen.

Ein wegweisender Fall wird zurzeit in Frankreich verhandelt, er findet nicht nur dort große Aufmerksamkeit. Es ist das Verfahren gegen den französischen Zementhersteller Lafarge wegen Beihilfe zu Verbrechen gegen die Menschlichkeit. Während des Krieges in Syrien hat Lafarge seine Fabrik in Betrieb gehalten und dafür den IS-Milizen und anderen bewaffneten Gruppen Millionenbeträge bezahlt. Einheimische Mitarbeiter wurden gezwungen, unter Lebensgefahr zur Arbeit zu erscheinen.

Frankreichs Oberstes Gericht erklärte im September 2021 das Verfahren für zulässig. Jetzt ist der Weg eröffnet für eine Anklage gegen die Firma beziehungsweise gegen deren Führungsriege. Das mögliche Strafmaß: Geldbußen und Freiheitsstrafen für die Manager. Dem Unternehmen droht der Ausschluss von öffentlichen Aufträgen, über zeitweilige Geschäftsverbote bis hin zur Auflösung der Firma.

Betrieben wird das Verfahren – schon jetzt eines der wichtigsten Strafverfahren in der Wirtschaftsgeschichte – unter anderem vom European Center for Constitutional and Human Rights, gegründet und geführt von Wolfgang Kaleck. Er ist ein Pionier im Kampf gegen die Straflosigkeit mit zahlreichen Verfahren weltweit – ein unermüdlicher Menschenrechtsaktivist. Mit seinem Wirtschaftsstrafrecht ist Frankreich international Vorreiter.

Verdachtsfälle gibt es genug. Es stellt sich zum Beispiel die Frage, inwieweit die Firmen, die von der Sklavenarbeit der Uiguren profitieren, sich schuldig machen. In Deutschland und in den Niederlanden wurden Klagen eingereicht, in Frankreich läuft schon ein Ermittlungsverfahren.

Ich selbst bin Zeuge in einem Verfahren der schwedischen Generalstaatsanwaltschaft gegen die Firma Lundin Energy im Sudan. Sie soll Kriegsverbrechen ermöglicht und gefördert haben in den Ölfördergebieten, die vom Bürgerkrieg betroffen waren. Ich habe dazu als Sonderberichterstatter für die Menschenrechtslage im Sudan in meinen drei Berichten an die Generalversammlung Informationen geliefert. Ein weiteres Beispiel ist Volkswagen. Gegen den Autobauer läuft ein Verfahren wegen Sklavenarbeit bei Rodungsarbeiten im brasilianischen Amazonasgebiet.

Eine Möglichkeit, gegen solche Firmen vorzugehen, sind Schadensersatzklagen. Ein Beispiel: Die Firma Shell wird wegen Ölverschmutzung im Niger-Delta verantwortlich gemacht, Schäden können in diesem Fall den Unternehmen unmittelbar zugerechnet werden. Anders ist die Lage, wenn sie allgemein wegen ihres CO_2-Ausstoßes verantwortlich gemacht werden sollen, obwohl sie sich an die gesetzlichen Bestimmungen halten. Dies schließt das Bundesverfassungsgericht bisher aus. Es wäre nicht zu akzeptieren, wenn Gerichte die Aufgabe der Parlamente übernehmen und bezogen auf einzelne Firmen die Umweltgesetzgebung der Parlamente unterlaufen. Es sind inzwischen eine Fülle von Klagen weltweit anhängig. Das bereitet mir Sorge.

Im Zuge der Globalisierung haben viele Firmen ihre Produktionsstandorte dorthin verlegt, wo die Löhne und damit die Herstellungskosten niedriger sind. Das ist legitim und nützt im besten Falle beiden Seiten: den Menschen in Bangladesch oder Mexiko, die Arbeit und damit eine Existenzgrundlage finden, den Kunden hier, die von niedrigeren Preisen für begehrte Produkte profitieren. Nur so idealistisch ist die Welt leider nicht. Der Preisvorteil kommt zwar bei uns an, auch in den Gewinnen der Unternehmen, doch die Lasten tragen viel zu oft die Arbeiter und Arbeiterinnen in den Betrieben vor Ort. Die niedrigen Preise werden erkauft durch Lohndumping, mangelhafte Sicherheitsbestimmungen, fehlenden Umweltschutz, durch Kinder- oder Zwangsarbeit und fehlende Arbeitnehmerrechte.

Leider bleibt dieser unschöne Teil unseres Konsums und Wirtschaftens oft im Verborgenen. Oder wir verschließen die Augen vor ihm, denn mittlerweile ist bekannt, dass viele große Wirtschaftsplayer ihre Produkte teilweise unter Bedingungen herstellen oder vertreiben, die in unserer westlichen Welt niemals geduldet werden würden, weil sie die Menschenwürde verletzen: unmenschliche Arbeitszeiten, Ausbeutung, marode Produktionsstätten.

Bislang konnten sich international operierende Firmen damit herausreden, derlei Missstände oblägen nicht ihrem Verantwortungsbereich, sondern dem des jeweiligen Standortes. Es ist daher zu begrüßen, dass die deutsche Regierung mit dem Lieferkettengesetz endlich klare und umsetzbare Anforderungen für die Sorgfaltspflichten von Unternehmen festlegt. Deutsche Unternehmen können ihre Verantwortung nicht mehr länger an die Billiglohnländer delegieren. Das schafft Rechtssicherheit für Unternehmen und Betroffene. Sie müssen nun dafür Sorge tragen, dass in ihren Lieferketten die Menschenrechte eingehalten werden. Das ab Januar 2023 für Betriebe ab 3000 Beschäftigten (ab 2024 1000 Beschäftigte) geltende Gesetz macht es nun möglich, gegen Unternehmen vorzugehen, die international anerkannte Menschen-, Arbeits- und Umweltrechte missachten. Und das könnte erst der Anfang sein. So ist das im Entwurf vorliegende Europäische Lieferkettengesetz sehr viel strenger als das deutsche. Mehr Firmen werden erfasst, insgesamt 17 000 im EU-Raum, die ganze Lieferkette muss geprüft werden, und die zivilrechtliche Haftung ist ausgeweitet. Ob das ausreichend und wirkungsvoll genug ist, wird die Praxis zeigen.

Auch wir Konsumenten können mit unseren Kaufentscheidungen mithelfen, diese vermeintlichen Marktgesetze aufzubrechen. Längst gibt es Zertifikate für fairen Handel. Faire und umweltfreundliche Herstellungsbedingungen sind zu einem Wettbewerbsvorteil geworden. Es ist eine Binse, aber man kann es nicht oft genug wiederholen: Verbraucher sollten sich informieren über die Produkte, die sie kaufen, ganz gleich ob es sich um Kaffee, Kleidung oder Möbel handelt. Nie war es leichter, Produkte zu identifizieren und zu meiden, deren Herstellung gegen die Menschenrechte oder Prinzipien der Nachhaltigkeit verstößt. Organisationen wie Oxfam oder das Nürnberger Menschenrechtszentrum veröffentlichen regelmäßig Negativlisten von solchen Unternehmen im Internet.

Unternehmen wiederum sollten im eigenen Interesse nicht nur an ihre Gewinnmargen denken, sondern auch an ihre soziale Verantwortung in den Ländern, in denen sie produzieren. Die jüngeren Konsumenten-Generationen werden viel genauer darauf schauen, ob sie ihr gerecht werden. Denn immer mehr Verbraucher erwarten sorgfältiges und nachhaltiges Handeln von Unternehmen.

Auch die Menschenrechtsorganisationen und NGOs müssen ihren Blick weiten, was das Feld der Wirtschaft betrifft. Wolfgang Kaleck merkt zu Recht an, dass der historische Fokus auf die politischen und bürgerlichen Rechte zu einer Staatsbezogenheit der Menschenrechtsbewegung geführt hat. Er fordert, nicht nur transnationale Unternehmen in den Blick zu nehmen, die für Menschenrechtsverletzungen oder den Klimawandel mitverantwortlich sind, sondern auch die Rolle der Finanzwirtschaft sowie der Digitalkonzerne. Revolutionäre technische Entwicklungen wie die Künstliche Intelligenz könnten schon bald ganz neue Menschenrechtsthemen aufwerfen.

SPORT UND DOPPELMORAL

Der Sport nimmt eine besondere Rolle innerhalb der Außen- und Wirtschaftspolitik ein. Auf der einen Seite dienen sportliche Großveranstaltungen wie Olympia und Weltmeisterschaften dem sportlichen Wettkampf und befinden sich somit in einem scheinbar von der Politik entfernten Bereich; für die Sportlerinnen und Sportler sind sie eine unverzichtbare Gelegenheit, ihre Kräfte zu messen. Auf der anderen Seite lassen sich diese Ereignisse nicht mehr von der weltpolitischen Lage trennen, ganz gleich ob es um die Austragungsorte oder um die teilnehmenden Sportlerinnen und Sportler geht – gerade wenn immer mehr Großereignisse an autoritäre und diktatorische Staaten vergeben werden. Denn da der Sportwettkampf untrennbar mit der Frage nach Sieg und Niederlage verbunden ist, bietet er vielfache Möglichkeiten zum Missbrauch, vor allem in Form von Propaganda, Aufmerksamkeit auf politischer Bühne und Machtstabilisierung. Die Sportpolitik muss diese Rolle des Sports anerkennen und solchen Missbrauch zu vermeiden suchen.

Diese Verantwortung kann nicht auf den Schultern der Sportlerinnen und Sportler abgeladen werden – gleichwohl Protestaktionen zu begrüßen sind –, sondern sie muss getragen werden von den Spitzenverbänden. Diese sind jedoch nicht selten von korrupten Netzwerken durchzogen und in allererster Linie am Gewinn interessiert (und eben nicht primär an einem fairen Sportwettkampf). Hinzu kommt, dass dieser Gewinn nicht immer primär dem Leistungssport zugutekommt.

Ich sage das auch als früherer Sportminister, der den Leistungssport hierzulande intensiv gefördert hat. Ich erinnere mich an die Fußballweltmeisterschaft 1978 während des Militärregimes in Argentinien und die berechtigten Debatten damals. Sie ähneln denen von heute. Wie konnte man ein Fußballfest feiern in einem Staat, der die Menschenrechte so eklatant missachtet, in dem gefoltert und gemordet wird? Die Diktatur in Argentinien hat die WM rücksichtslos für ihre PR-Zwecke gegenüber der eigenen Bevölkerung ausgenutzt.

Auch die Fußballweltmeisterschaften 2018 in Russland und 2022 in Katar wurden und werden von heftigen Korruptionsvorwürfen begleitet. Aber damit nicht genug. Sie finden in Staaten statt, die die Menschenrechte nicht ernst nehmen, ja sie mit Füßen treten. 2018 war die Aggressivität des russischen Regimes durch die Besetzung der Krim und der Ostukraine längst offenkundig, als Putin sich feiern ließ.

Auch über den Charakter des Regimes in Katar, einer islamistischen absoluten Monarchie, besteht kein Zweifel. Die Menschrechtslage im Land ist äußerst problematisch, Arbeitsmigranten werden zum Teil wie Sklaven behandelt. Außerdem unterstützt der Staat die Terrororganisationen Hamas und andere radikalislamische Gruppen. Und doch kann ich Wirtschaftsminister Robert Habeck nicht kritisieren, wenn er nach Alternativen zu den russischen Gas-

käufen sucht, mit denen wir Putins Krieg mit-
finanzieren. Katar hat sich als Partner des Westens profiliert, den Überfall auf die Ukraine
kritisiert und steht jetzt bereit, die Abhängig-
keit vom Putin-Gas durch Flüssiggas zu erset-
zen. Es ist das »kleinere Übel«. Verschweigen
sollte die Politik und auch der DFB die Ver-
hältnisse in Katar dennoch nicht.

Es war aber richtig, dass unsere Länder bei
den Winterspielen in Peking diplomatisch nicht
vertreten waren. Wir hätten China mit diesen
Propagandaspielen unterstützt und uns selbst
beschädigt, wenn wir uns anders verhalten
hätten. Es bestehen generell berechtigte Zweifel daran, ob die sportlichen Großereignisse
zur Demokratisierung von Diktaturen beitragen, wie oft beschönigend behauptet wird. Bei
China ist das sicher nicht der Fall und auch
nicht bei Russland. Auch sonst ist mir kein Fall
bekannt, wo dieses Konzept aufging.

Eine menschenrechtsorientierte Außen- und
Wirtschaftspolitik ist nur glaubwürdig, wenn
man selbstkritisch mit der Situation im eigenen
Land umgeht. Auch unter Freunden darf es
kein Tabu sein, Verfehlungen zu verurteilen.
Keine Doppelstandards! Man muss kein Idea-
list sein, um diese fragwürdig zu finden. Wir
geraten in ein Dilemma. Wir nehmen Rücksicht
auf Staaten, die wir brauchen oder mit denen
wir befreundet sind. Viel zu rücksichtvoll waren wir beispielsweise gegenüber Menschen-

rechtsverletzungen der USA. Denken wir an Guantanamo – noch heute sind dort Menschen ohne Rechtsgrundlage und unter entwürdigenden Bedingungen isoliert.

Muss werteorientierte Außenpolitik in der Krise zurückstehen gegenüber elementaren Wirtschafts- und Lebensinteressen der Menschen? Der Konflikt verschärft sich. Es ist klar: Die Gemengelage ist oftmals komplex, und die Menschenrechtspolitik ist Relativierungen ausgesetzt. Von Fall zu Fall müssen Lösungen gefunden und Entscheidungen getroffen werden – etwa über die Vergabe von Wettbewerben –, aber nicht dadurch, dass man die Menschenrechte kippt.

10

INFORMATIONELLE SELBST-BESTIMMUNG – DATENSCHUTZ IST MENSCHENRECHT

Was hat Datenschutz mit Menschenrechten zu tun? Sehr viel. Persönlichkeitsschutz ist Schutz der Menschenwürde, diese ist, wie wir wissen, in der Allgemeinen Erklärung der Menschenrechte von 1948 verankert. Unsere Privatsphäre ist inzwischen zu großen Teilen digitalisiert, private Daten befinden sich nicht nur auf den von uns verwendeten Geräten, sondern auch in sogenannten Clouds und im Netz. Folgerichtig hat der Menschenrechtsrat der Vereinten Nationen 2015 einen Sonderberichterstatter für Datenschutz eingesetzt und befasst sich regelmäßig mit dessen Erkenntnissen bzw. veröffentlicht entsprechende Resolutionen.

Natürlich gehört das Thema Menschenrechte und Digitalisierung in einen globalen Kontext. Es sprengt alle nationalen und regionalen Grenzen. So ist es längst auch Thema in der Rechtsgemeinschaft der Europäischen

Union geworden. Fast alle Länder der Welt erkennen das Recht auf Privatsphäre in irgendeiner Form in ihrer Verfassung oder anderen Bestimmungen an. Sowohl der Europäische Gerichtshof als auch in Deutschland das Bundesverfassungsgericht haben dieses Recht vertieft und konkretisiert.

Die FDP hat sich bereits vor vierzig Jahren mit Datenschutz befasst und ihre Vorstellungen dann vom Bundesinnenministerium aus zum ersten Bundesdatenschutzgesetz von 1977 verdichtet. Das Thema Datenschutz war für viele damals noch Neuland. Viele meiner Abgeordnetenkollegen betrachteten solch ein Gesetz seinerzeit als überflüssig. Erst die Diskussion über die – aus datenschutzrechtlicher Sicht eher harmlose – Volkszählung 1983 und das Urteil des Bundesverfassungsgerichts im gleichen Jahr mit der Festlegung der informationellen Selbstbestimmung haben das öffentliche Bewusstsein erweitert.

Das erste Datenschutzgesetz in Deutschland überhaupt war zuvor 1970 in Hessen von dem unvergessenen Datenschutzpionier Spiros Simitis initiiert worden. Als Parlamentarischer Staatssekretär habe ich den Gesetzentwurf durch das Parlament begleitet. Später war ich dann als Minister sowohl für die Innere Sicherheit wie auch für den Datenschutz verantwortlich und musste mich dem Spannungsverhältnis zwischen innerer Sicherheit und Privatsphäre stellen.

Heute ist der Datenschutz ein viel diskutiertes Thema. Neue Aspekte wie die Entwicklung der leistungsstarken Quantencomputer oder der Künstlichen Intelligenz werden in ihrer Wirkung ganz unterschiedlich eingeschätzt. Ich bin der Ansicht, die Wirkungen werden erheblich sein, auf ganz vielfältige Weise, etwa auf dem Arbeitsmarkt, im Verkehr oder im menschlichen Miteinander, um nur wenige Bereiche zu nennen.

Wir sind längst zum gläsernen Menschen geworden für die weltweit operierenden Sicherheitsbehörden und Daten-Imperien, die uns überwachen und manipulieren und mit unseren Daten Milliarden verdienen. Sie wollen wissen, wie wir in bestimmten Situationen reagieren, und unser Verhalten beeinflussen. Ein Beispiel: Jeden Tag werden mehr als 800 Millionen Tweets allein auf Twitter gepostet. Sie werden weitergereicht, beantwortet, kommentiert. Immer neue Daten entstehen. Twitter, aber auch Facebook und Instagram oder auch LinkedIn eröffnen einen beispielslosen Blick in die Diskussionsprozesse unserer Gesellschaft – ein Datenschatz, aus dem sich zukünftige gesellschaftliche Entwicklungsprozesse herauslesen lassen. Und so gibt es viele Datenprozesse mit Milliarden von Daten, die Einfluss auf unser Leben haben.

Widerstand ist geboten gegen die Machtdominanz, die von den Internetgiganten ausgeht, die sich zahlreicher Lebensbereiche bemächtigen.

Die amerikanische Wirtschaftswissenschaftlerin Shoshana Zuboff sieht uns bereits in einem »Überwachungskapitalismus« angekommen, in dem die Konzerne sich weitestgehend der grundrechtlichen Kontrolle entziehen.

Eine derartige Machtzusammenballung hat es noch nie gegeben. Im Grunde besitzt Google die sozialen Daten der Welt. Zwar wurde der Konzern wegen seiner wettbewerbswidrigen Praktiken 2021 nach einem zwölf Jahre dauernden Verfahren vom zuständigen EU-Gericht zu einer Geldbuße von 2,42 Milliarden Euro verdonnert. Aber Googles Marktmacht kann das nicht erschüttern. Da braucht es in Zukunft schärfere Instrumente.

Es ist eine Menge unternommen worden in den letzten Jahrzehnten, um die mit der Digitalisierung verbundenen Gefahren für die Menschenwürde einzudämmen. Aber der technische Fortschritt ist so rasant, dass unsere Gesellschaft kaum Schritt halten kann.

Das Internet ist der Brandbeschleuniger der Globalisierung. Es ist Fluch und Segen zugleich. Auf der einen Seite bietet es große Chancen für den wirtschaftlichen Fortschritt, für die Wissenschaft, für die Kommunikation. Auf der anderen Seite bedroht das Internet aber eben auch die Freiheit. Jürgen Habermas bilanziert das so: Das große emanzipatorische Versprechen des Internets werde »heute von den wüsten Geräuschen in fragmentierten, in sich selbst kreisenden

Öffentlichkeiten übertönt«. Das Internet ist eine demokratische virtuelle Parallelwelt, aber eben auch eine kaum regulierbare Hassmaschine und Echokammer der Lügen. Laut dem UN-Report 2022 bestehen 49 Prozent der Kommunikation des Messengerdienstes Telegram zum Thema Holocaust darin, diesen entweder zu leugnen oder verzerrt darzustellen. Telegram wird von über 700 Millionen Menschen weltweit genutzt.

Was unternimmt Putin nicht alles – nicht nur im eigenen Land –, um Einfluss auf Meinungsprozesse zu nehmen. In der Ukraine wird zwar noch ein Krieg mit den Waffen des 20. Jahrhunderts geführt. Ein Teil der Kriegsführung findet aber schon längst digital statt, etwa mit Cyberattacken und gegenseitiger Ausspähung.

In Zukunft wird dieser Anteil noch zunehmen. Russland und China gehören zu den Nationen mit den schlagkräftigsten Cybertruppen: Hacker, die gegnerische Netze ins Visier nehmen. In vielen Fällen weiß man nicht mal, wer der Angreifer ist, der Infrastruktur lahmlegt oder Erpressungen in die Wege leitet. Die Münchner Sicherheitskonferenz ist sich dieser Bedrohung, bei der es keine »klassische« Kriegserklärung mehr gibt, sehr bewusst. Jeder Krieg, auch der Ukrainekrieg, kann jederzeit an jedem Orten durch Lahmlegung der öffentlichen Versorgung geführt werden, auch wenn inzwischen erhebliche Sicherheitsvorkehrungen entwickelt worden sind.

Wir fragen uns heute ganz oft, warum wir bestimmte gefährliche Entwicklungen zwar gesehen, aber nicht entsprechend gehandelt haben. Stichwort Energieabhängigkeit von Russland oder die fortschreitende Klimakatastrophe. Das gilt auch für die Digitalisierung. Warum liegt die Datensouveränität, also die Kontrolle über Daten und ihre Erhebung, immer noch in den USA und in China? Warum ist bei Digitalität in der öffentlichen Diskussion fast nur von ihrer Fortschrittsseite die Rede? Immer noch wird die Fortschrittsskepsis als Investitionshemmer diskreditiert.

Die Politiker zeigen gegenüber diesem Thema nach wie vor eine merkwürdige Zurückhaltung. Lange beklagten sie den angeblichen Job- und Investitionskiller Datenschutz. Heute gibt es Stimmen in der US-Wirtschaft, die meinen, die Europäer hätten einen Wettbewerbsvorteil, da sie den Wunsch der Verbraucher nach Privatheit verstanden haben. Warum setzen wir nicht auf diesen Wettbewerbsvorteil? Zu meiner Zeit als Umweltminister hat man mir immer wieder entgegengehalten, unter dem Umweltschutz würde die Wirtschaft leiden. Sie hat überhaupt nicht gelitten, wenn sie sich auf diese Herausforderung eingestellt hat. Umweltfreundliche Produkte haben sich auf dem Markt durchgesetzt. Und umweltfreundliche Produktionsweisen haben sich oft als deutlich effizienter erwiesen.

Die Vorstellung, wir würden hier lebensfremd am Wirtschaftswachstum vorbeidiskutieren, ist falsch. Wenn die Politik heute Digitalisierung diskutiert, so meint sie Breitbandausbau, die Förderung von Start-ups und ganz allgemein die Anwendung digitaler Technik. Es macht mich zornig, dass der damit verbundene Angriff auf die Menschenwürde offenbar nur für das Bundesverfassungsgericht ein Thema ist. Wir brauchen die Unterstützung der Politik, denn wir müssen weitere rechtliche Pflöcke einschlagen. Und die Pflöcke, die bereits eingeschlagen wurden – die Datenschutzgrundverordnung etwa –, verteidigen gegen die, die solche Regeln als überflüssige Fortschrittshemmnisse ansehen.

Warum sind viele Menschen immer noch so sorglos im Umgang mit ihren Daten? Warum wird das vom Bundesverfassungsgericht 2008 geschaffene Computergrundrecht nicht durch politische Entscheidungen umgesetzt? Es soll uns, die wir umgeben sind von informationellen Systemen, schützen, weil wir es nicht selber tun können – trotz aller Möglichkeiten der Verschlüsselung. Wer schützt uns zum Beispiel vor der Verwendung der Daten, die das Auto, inzwischen ein fahrender Computer, pausenlos einsammelt und speichert? Was geht es den Hersteller an, wohin ich wann fahre? Dieses Urteil hat viel zu wenig Beachtung gefunden, seine Schutzaufträge wurden nur unzulänglich erfüllt. Die Ampelkoalition will das in Angriff nehmen – warten wir ab.

Unser Umgang mit digitaler Technik ist so selbstverständlich und umfassend geworden, dass wir abgestumpft sind gegen die Zumutungen, die uns abverlangt werden. Wir haben uns daran gewöhnt, die obligatorischen Datenschutzerklärungen einfach zu akzeptieren oder ungelesen wegzuklicken. Das wird in Zukunft jedoch nicht mehr so einfach sein, der Verbraucher wird über die Risiken aufgeklärt und kann und muss differenziert reagieren. Ein neuer gesetzlicher Schutz wird gerade aufgebaut. Wir haben uns auch daran gewöhnt, dass wir uns gläsern machen, dass man mit unseren Daten Geschäfte treibt, dass sie gespeichert werden, wo wir keinen Zugriff mehr darauf haben. Zu verführerisch sind die Impulse des digitalen Lifestyles, die in Form von Wissen, Teilhabe, Bequemlichkeit, Spaß und Likes locken.

Daten sind Macht. Die Demokratie wird durch Datenmissbrauch und Falschinformationen gefährdet. Wir können manipuliert werden, Wahlen können manipuliert werden. Meinungsbildung wird manipuliert. Bei den US-amerikanischen Präsidentschaftswahlen 2016 wurden Millionen Menschen, die als beeinflussbar eingestuft wurden und deren Profil folglich von Facebook an die Republikaner verkauft wurde, zugunsten von Trump manipuliert. Man fragt sich, wie diese Persönlichkeitsprofile überhaupt zustande gekommen sind. Trump wäre ohne diese digitale Wählermanipulation, so wird angenommen, nicht als Sieger aus der Wahl hervorgegangen. Er war mit seinen Tabubrüchen ein Produkt der digitalen Kommunikation und regierte mithilfe des Internets, mit Twitter als seinem primären Verlautbarungsorgan.

Skandale wie der Datenmissbrauch durch Facebook oder die wiederholten Angriffe auf die Netzwerke des Deutschen Bundestages, das Ausspähen von sensiblen Daten und Kommunikation durch russische Hacker, das Abschöpfen von Daten minderjähriger Nutzer durch die Videoplattform TikTok – all das hat langsam zu einem neuen Problembewusstsein beigetragen und die menschenrechtliche Relevanz des Datenschutzes im Internetzeitalter aufgezeigt. Aber die Gegenstrategien sind noch lange nicht wirksam genug.

Immerhin: 2018 ist die Europäische Datenschutz-Grundverordnung (DSGVO) in Kraft getreten. Die Europäische Grundrechtecharta diente als Basis. Ein Riesenfortschritt! Mehr Rechte für Verbraucher wie zum Beispiel ein »Recht auf Vergessenwerden«, mehr Kontrolle, mehr Transparenz, mehr Sanktionen bei Verstößen. Datenschutz ist in Europa angekommen, der Rechtsrahmen abgesteckt.

Und die EU hat die Regulierung des Internets in der letzten Zeit energisch vorangetrieben. Zu nennen ist das Gesetz über die digitalen Märkte, mit dem die EU die Marktmacht von Google, Amazon, Facebook und Apple einzuschränken versucht. Aber auch mit dem Digitale-Dienste-Gesetz (»Digital Services Act«, DSA) will die EU klare Regeln für den Umgang der Plattformen mit illegalen Inhalten schaffen und zugleich sicherstellen, dass die Nutzer gegen das vorschnelle Löschen von Beiträgen vorgehen können. Es schiebt der Manipulation der Nutzer durch irreführende Angebote einen Riegel vor und setzt weltweit neue Standards für die Einschränkung der Verbreitung von Desinformationen, Hass und Hetze im Internet.

Wie wichtig Letzteres ist, hat der russische Krieg gegen die Ukraine nochmals gezeigt. Die großen Internetplattformen müssen künftig ein Mal im Jahr prüfen, ob ihre Empfehlungsalgorithmen Desinformation und Hetze gezielt besser platzieren und so verbreiten. Geht davon eine Gefahr für die Demokratie, die Meinungsvielfalt oder das mentale Wohlergehen ihrer Nutzer aus, müssen sie für Abhilfe sorgen. Zudem müssen sie der Kommission und Wissenschaftlern Zugang zu ihren Algorithmen verschaffen. Ohne diese Verpflichtungen geht es nicht. Verschwörungstheorien, Desinformation und Gewaltvideos verkaufen sich zu gut – sprich: werden viel geklickt –, als dass Facebook, Instagram und andere auf die mit ihnen erzielten Werbeeinnahmen verzichten würden.

Die starke Rolle der Kommission bei der Kontrolle behagt nicht jedem. Sie ist allerdings nötig, um den Fehler der Datenschutzgrundverordnung zu vermeiden, dass Deutschland jeden Sportverein kontrolliert, Irland aber die dort angesiedelten Internetgiganten frei gewähren lässt. Die Bezeichnung des Digital Services Act als neues »Grundgesetz für das Internet« ist wohl dennoch zu hoch gegriffen. Insbesondere wie die Einschränkung von Desinformation und Hetze funktioniert, muss sich erst noch erweisen. Am Grundproblem, dass ihre Verbreitung für die Plattformen finanziell sehr attraktiv bleibt, ändern schließlich auch die neuen Kontrollen des DSA nichts.

Dieses Kapitel abschließend, plädiere ich nachdrücklich dafür, die bislang unausgeschöpften Möglichkeiten des Völkerrechts auch auf diesem Feld in den Blick zu nehmen. Ich denke an die UN-Resolutionen »The right to privacy in the digital age«. Darin finden sich die Zielvorstellungen, die auch uns bewegen. In einer dieser Resolutionen zum Schutz der Privatheit heißt es:

»Die Generalversammlung fordert alle Staaten auf …, adäquate Gesetze mit effektiven Sanktionen und Rechtsmitteln zu entwerfen, beizubehalten oder zu implementieren, die Individuen gegen Verstöße und den Missbrauch des Rechts auf Privatheit, namentlich durch das ungesetzmäßige und willkürliche Sammeln, Aufbereiten und Speichern persönlicher Daten durch Individuen, Regierungsbehörden, Unternehmen und private Organisationen, schützen.«

Skeptiker werden sagen: Das ist ja nur Papier! Aber auch das Folterverbot ist zunächst nur Papier, und wir wissen ganz genau, dass es nicht konsequent eingehalten wird. Es ist jedoch immerhin eine moralische Verpflichtung, eine Berufungsgrundlage, auf die man sich berufen kann. Die Bürger müssen entscheiden, in welcher Welt wir leben wollen, nicht die Konzerne und die Geheimdienste.

EPILOG

Vor mir liegt die Autobiographie von Benjamin Ferencz mit dem Titel *Sag immer Deine Wahrheit. Was mich 100 Jahre Leben gelehrt haben*. Er hat sich in seinem Leben wahrlich unermüdlich bemüht, die Welt für die Menschen humaner zu machen und für Gerechtigkeit zu kämpfen. So als Chefankläger gegen die Wehrmacht-Einsatzgruppen innerhalb der Nürnberger Prozesse; sie kamen erst auf sein Betreiben zustande. Ferencz setzte sich immer wieder für den Frieden ein, erhielt zahlreiche Auszeichnungen und gehört zu denen, die zur Gründung des Internationalen Strafgerichtshofs 2002 in Den Haag beigetragen haben. Der Sohn armer Migranten verlor nie den Glauben an die Befähigung des Menschen zum Guten. Auch mich hat Ferencz ermutigt, nicht nachzulassen und andere Menschen zu motivieren. »Bewahre dir das Feuer, dann wirst du auch etwas erreichen«, so hat er gehandelt. Nur wer selbst brennt, kann andere entflammen.

Manchmal denke ich darüber nach, was mich ein Leben lang motiviert hat, mich für

die Opfer von Unrecht und Gewalt einzusetzen – nicht nur in der Politik, sondern auch
als Anwalt zusammen mit meinem Partner
Julius Reiter. Ich vermute, es ist das tiefe Er-
schrecken über die Nazibarbarei. Wozu waren
die deutschen Täter fähig, blickt man allein
auf das Menschheitsverbrechen des Holocaust!
Viel zu lange wurde nicht wahrgenommen, dass
die Judenvernichtung und die Gräuel an der
Zivilbevölkerung auch durch die deutschen
Besatzungstruppen erfolgten. Immanuel Kant
forderte »die Abschaffung des Krieges durch
Vernunft«. Immer wieder wurde sie erstickt,
die Menschen wurden verführt und getäuscht,
aufeinandergehetzt, sich zu töten. Wie viel Le-
bensglück, wie viele Chancen auf ein erfülltes
Leben wurden sinnlos vernichtet. Wie viel Leid
wurde und wird durch den Krieg in der Ukraine bewirkt?

Ich bin ein Kriegskind. Ich empfand zunächst Düsternis und Ausweglosigkeit, wie ich
Thomas Mann damals schrieb. In seiner Ant-
wort hat er mich ermutigt. Es war eine wichtige
Motivation für mein Engagement. Mein Weg
führte mich in die Politik, weil ich den unbän-
digen Drang hatte, in radikalem Abstand zu
dem beispiellosen moralischen Niedergang der
Deutschen, mit vielen anderen, eine demokratische Gesellschaft aufzubauen – gegen Widerstände. Stets auch im Bewusstsein, dass das
Verhältnis der Deutschen zur Freiheit nicht

immer eindeutig war. Ich könnte mir heute vorstellen, dass viele junge Russen nach dem Zusammenbruch des Putin-Regimes vor einer vergleichbaren Anstrengung stehen werden, das »andere Russland« aufzubauen. Sie beginnen sich zu organisieren. Als Symbol verwenden sie die russische Flagge, aber ohne das Rot, das Blut, wie sie sagen.

Immer wieder gab es neue Anlässe – und bis heute kaum eine Atempause. 1990, als die Sowjetunion zusammenbrach, da hofften wir auf eine neue Zeit des Friedens, vergeblich. Neue Kriegsgräuel, neue Völkermorde, es ging weiter.

Ja, es gab Situationen des Scheiterns. Aber sie haben mich nicht entmutigt. Ich habe in all den Jahrzehnten erlebt, dass die Menschenrechte stärker zum Thema wurden. Und wenn die Verletzungen schon nicht verhindert wurden, so wurden sie immer mehr als solche erkannt und benannt und in nicht wenigen Fällen geahndet. Heute haben wir ein Weltbürgerrecht etabliert. Der Ukrainekrieg hat die wert- und regelorientierte Weltordnung ins Wanken gebracht. Wir begreifen jetzt abermals: Sie ist ohne Alternative.

Wir befinden uns heute mitten in einer weltweiten Auseinandersetzung, ganz anders als im »Kalten Krieg«. So einfach wie die Unterscheidung in Blöcke ist es nicht mehr. Das Bild ist differenzierter. Weltweit nistet sich, von Russland und China unterstützt, das »Recht des Stärkeren« ein. In der globalisierten Welt sind die Abhängigkeiten gewachsen und die Eigeninteressen ganz unterschiedlich. Aber es gibt, wohl auch bei Staaten, die Russland schonen, ohne immer klar Partei zu ergreifen, ein Interesse an einem Minimum verlässlicher Regeln. Die Probleme – neben Klimawandel und Covid der Einsatz für ein faires Weltwirtschaftssystem und die Verbesserung der Lage in den wachsenden Elends- und Armutsregionen – können schließlich nur global gelöst werden, in einem rechtlich und politisch gesicherten Rahmen.

Ich appelliere an Europa, eine vermittelnde Rolle zu übernehmen – nicht im Gegensatz zu den USA, aber doch eigenständig einen Ausgleich zwischen den verschiedenen Interessen zu moderieren. Ein starkes Europa könnte Brücken bauen, hin zu jenen »neutralen« Staaten, die noch ihren Platz suchen in der Weltordnung der Zukunft. Wichtiger Partner sind die ASEAN-Staaten und unter anderen Japan, Australien, Südkorea. Neben dem »alten Westen« gibt es dort einen »neuen Westen«, ohne den Weltpolitik nicht mehr möglich sein wird. Es wäre eine eigenständige Aufgabe der Europäer – schließlich haben wir auch eine Bringschuld, Verantwortung zu übernehmen. Man könnte zudem in der Menschenrechtspolitik Boden gewinnen. Das setzt allerdings voraus, dass man der Würde und auch den Interessen dieser Staaten Rechnung trägt und eine Reform der Entscheidungsprozesse der Vereinten Nationen voranbringt.

Wie wird dieser Krieg enden? Wird es mit einem Regime, das von einer Mission fanatisiert ist, überhaupt dauerhaften Frieden geben können? Das ist eine Illusion. Wir sollten uns nicht darüber hinwegtäuschen: Putin kann lange durchhalten, und er wird in einem Vernichtungskrieg weiterhin Menschenleben rücksichtslos opfern und die eroberten Gebiete russifizieren. Er hat die Brücken hinter sich abgebaut, alle Schamgrenzen überschritten. Rationale Argumente erreichen jemanden, der von Irrationalität getrieben ist, nicht mehr. Diesmal können wir aber nicht einfach so weitermachen wie nach der Krim-Besetzung – sonst steht uns die nächste Expansion ins Haus. Wir müssen die Kraft haben, durchzuhalten, und wir dürfen auf keinen Fall über den Kopf der Ukraine, die einen mutigen Freiheitskampf führt, hinweghandeln. Es ist die Ukraine, die unsere Werte verteidigt. Sie darf nicht fallen, sonst fallen wir mit.

Das ist der entscheidende Prüfstein für unsere Demokratie in den nächsten Jahren, eine Bewährungsprobe ihrer Wehrhaftigkeit. Ich appelliere: Wir müssen durchhalten und uns allen globalen Herausforderungen stellen. Unsere Gesellschaft muss all diese Herausforderungen bestehen. Sind die Menschen bereit, Wohlstand zu opfern, sich einzuschränken, um diese Auseinandersetzung zwischen autoritärer Politik und demokratischer Politik zu bestehen? Wird der »innere Frieden« bewahrt?

Es ist ja nicht nur der Krieg, der unsere Zeit bestimmt. Covid ist nach wie vor belastend. Hinzu kommt eine weltweite Wirtschaftskrise; Energieversorgung und Nahrungsmittelversorgung werden als Waffen eingesetzt. Der Klimawandel ist eine Weltkatastrophe mit einschneidender Wirkung auf den Planeten, auf die Freiheit, auf die Lebenschancen von Millionen. Er wird Ursache neuer Flüchtlingsbewegungen und -ströme. Viele Menschen sind verunsichert. Sie haben Zukunftsängste. Eine deutliche Wohlstandsminderung kommt auf uns zu, die mit Entlastungspaketen kaum auszugleichen ist. Ob wir diese Herausforderung bestehen, das wird auch sehr davon abhängen, wie offen die Demokraten mit dieser Situation umgehen, wie überzeugend sie um Akzeptanz und Vertrauen werben. Und wie es gelingt, die Wachstumskräfte der Marktwirtschaft nicht zu ersticken, sondern auch in der Krise zu nutzen, ohne allerdings das Gefüge des Sozialstaats ins Wanken zu bringen. Ein »Weiter so«, eine mit großzügigen Wahlgeschenken garnierte Zukunft wird es nicht geben.

Vieles wissen wir schon lange. Wir haben aber so getan, als kämen wir davon. Wir haben nicht danach gehandelt und uns in einer bequemen Normalität eingerichtet, ganz gleich ob es um die einschneidende demographische Entwicklung geht (pro Jahr fehlen vierhunderttausend Arbeitskräfte), um die Gefahren der Digitalisierung oder um andere Problemfelder. Auch die Liberalen sollten sich endlich daranmachen, wie Carolin Emcke es ausdrückt, »den Kern eines politischen Liberalismus für das 21. Jahrhundert zu entwickeln«. Sie müssen ihren Freiheitsbegriff stärker mit Verantwortung verbinden und vertiefen.

Die Nachkriegsordnung geht zu Ende. Wäre es nicht die Zeit für eine kritische Bilanz? Schluss mit unhaltbaren Wahlversprechen. Die Wahrheit muss auf den Tisch: Wir alle müssen unsere Lebensweise ändern, Pioniergeist entwickeln. Die Politik kann nicht alle Lasten nehmen. Wir müssen uns auf die konzentrieren, die es ohne Hilfe nicht schaffen.

Der Kampf gegen die Klimakatastrophe muss weitergehen, er wird gerade ausgebremst. Das macht die Fortsetzung der weltweiten Kraftanstrengung umso dringlicher. Liberale müssen in diesen Transformationsprozessen dafür sorgen, dass die Freiheit nicht unter die Räder kommt. Sie müssen eine Sicht auf die Zukunft entwickeln, die für die Menschen mehr ist als finanzpolitische Solidität.

Die Nachkriegsordnung mag Geschichte sein, ihre Werte sind es nicht. Wäre es nicht wieder an der Zeit, sich auf die zahlreichen Verträge und Erklärungen zu besinnen, auf die guten Vorsätze, so wie es nach dem Zweiten Weltkrieg, nach der Naziherrschaft geschah? Viele dieser guten Absichten wurden nicht erfüllt – dennoch haben diese auf die Würde des Menschseins bezogenen Regeln die Welt verändert – auch wenn manchmal nur die Defizite sichtbar wurden.

Der jungen Generation möchte ich zurufen: Ihr habt mit eurer Energie die Klimakatastrophe zum Thema gemacht. Ihr werdet eure Zukunft aber nur dann verantwortungsvoll gestalten können, wenn ihr auch die Themen Freiheit, Demokratie und Menschenrechte mit Leidenschaft annehmt. Sie lassen sich nicht voneinander lösen. Alles wird nur gelingen, wenn sich die Demokratien nicht weiter in die Defensive drücken lassen. Europa ist ein Hafen der Menschenrechte, wir müssen seine Werte verteidigen. Es ist kein Zufall, dass so viele flüchtende Menschen zu uns wollen.

Die Menschheit hat das Potential zur Krisenbewältigung. Hoffnung machen allein schon die bewundernswerten Fortschritte von Wissenschaft und Forschung in den letzten Jahren – und auch die zahlreichen Impulse in der Kunst. Nehmen wir die vielen klugen Analysen, die zukunftsorientierten Diskurse zum Weltgeschehen. Übertragen wir ihre Ergebnisse endlich in politisches Handeln, und gewinnen wir das Vertrauen der Verunsicherten durch glaubwürdige Politik.

Dass Menschenrechtspolitik mehr ist als die Existenz der rechtlichen und institutionellen

Instrumente, das steht außer Frage. Sie lebt nur durch eine weltweite Menschenrechtsbewegung, die sich in vielfältiger Form zeigt, durch uns alle, durch Engagement und Leidenschaft. Die Instrumente gegen Diktaturen, gegen die Aushöhlung der Freiheit entfalten nur Wirkung, wenn sie von den Menschen getragen werden, von Menschen, die demonstrieren, die autoritäre Kräfte in Wahlen von der Macht fernhalten oder sie abwählen, die sich organisieren in den NGOs oder in lokalen Gruppen. Und immer auch das Schicksal einzelner Menschen im Blick haben.

Ich möchte meinen Menschenrechtsappell mit einem optimistischen Ausblick bekräftigen. Es gibt ein Licht am Ende des Tunnels. Als inzwischen alter Mann habe ich erlebt, wie unsere Gesellschaft mit großen Krisen fertiggeworden ist. Was haben wir seither nicht alles geschafft: einen beispiellosen Wiederaufbau unseres Landes – moralisch, politisch und ökonomisch. Die Aufnahme und Integration von Millionen von Flüchtlingen. Die Befreiung und der Aufbau der früheren DDR und Osteuropas waren eine große Leistung. Die europäische Einigung ist ein Erfolgsmodell, aber nur dann, wenn es kraftvoll weiterentwickelt wird. Das wird schwer genug werden. Leidenschaftliche Europapolitik – Europa ist unsere Zukunft, wir haben keine andere! Eine dringende Erwartung an die Liberalen.

Lassen wir uns durch Niederlagen nicht entmutigen. Die vor uns kamen, die das Fundament gelegt haben, sie haben sich auch nicht entmutigen lassen. Ich denke an Arno Esch, an den jungen Liberalen, der 1945 in der DDR eine Demokratie aufbauen wollte. Sein Buch trug den Titel *Mein Vaterland ist die Freiheit*. Er wurde 1950 mit seinen Freunden in Moskau hingerichtet.

Wir müssen heute einfach den Mut haben, die Zukunft neu zu denken. Ein junger Ukrainer sagte dieser Tage in Anspielung auf Helmut Schmidt in der *ZEIT*: »Wer *keine* Visionen hat, *der* muss zum Arzt«. Ja, wir brauchen diese Veränderungsbereitschaft, mit Mut, Nüchternheit und mit einiger Leidenschaft.

DANK

Es war mir eine Freude, nach meinem im Frühjahr 2021 erschienenen Freiheitsappell nun das zweite Buch zusammen mit Thomas Bärnthaler, Redakteur des *SZ-Magazins*, und Stefan Mayr, Programmleiter des Benevento Verlags, zu machen. Wir haben – mal in Köln, mal in München, auch per Video – gemeinsam konzipiert, die Themen gesetzt und das Ganze zu Papier gebracht. Die Herausforderung, das Buch angesichts der aktuellen politischen Lage aktuell zu halten und die Themen angemessen zu gewichten, haben wir meines Erachtens gut gemeistert (sollten Sie andere Leseeindrücke haben, lassen Sie es mich wissen). Ich möchte mich deshalb bei beiden herzlich bedanken.

Ebenso herzlich bedanken möchte ich mich bei meinem Pressereferenten Sebastian Rothfuss. Er hat schon mit unermüdlich viel Engagement die Trommel für das vorangegangene Buch gerührt, und ich bin mir sicher, dass auch *Menschenrechte* bei ihm in den besten Händen liegt. Überhaupt freue ich mich, auf wie viel Herzblut meine Bücher beim Team des Benevento Verlags stoßen.

Danken möchte ich meinem Freund, dem Diplomaten Dr. Michael Schäfer, zuletzt Botschafter in China, von dem ich wichtige Einschätzungen und Anregungen erhalten habe.

Nicht zuletzt möchte ich mich bei meiner Frau Renate Liessmann-Baum bedanken. Sie ist mir bei all meinen Aktivitäten für die Menschenrechte die wichtigste Begleitung, und gerade der intensive Austausch, den wir in den letzten Wochen geführt haben, zum Ukrainekrieg, aber auch zu anderen Themen, und die Impulse, die sie in unseren Gesprächen gesetzt hat, sind in diesen Appell eingeflossen.

LEKTÜREEMPFEHLUNGEN

Benjamin Ferencz, »*Sag immer deine Wahrheit*«.
Was mich 100 Jahre Leben gelehrt haben, München 2021.

Jürgen Habermas, *Zur Verfassung Europas. Ein Essay*, Berlin 2011.

–, *Ach, Europa!*, Berlin 2008.

–, *Der gespaltene Westen*, Berlin 2004.

Wilhelm Heitmeyer u. a., *Rechte Bedrohungsallianzen*, Berlin 2020.

Wolfgang Kaleck, *Mit Recht gegen die Macht*, Berlin 2015.

–, *Die konkrete Utopie der Menschenrechte. Ein Blick zurück in die Zukunft*, Frankfurt am Main 2021.

Andreas Kappeler, *Ungleiche Brüder. Russen und Ukrainer vom Mittelalter bis zur Gegenwart*, München 2022.

Ivan Krastev, *Europadämmerung. Ein Essay*, Berlin 2017.

Claus Kreß u. a., *In Honour of Benjamin B. Ferencz. Ceremony at the Occasion of the Award of an Honorary Doctorate to Benjamin B. Ferencz by* the Law Faculty of the University of Cologne, Baden-Baden 2022.

Angelika Nussberger, *Die Menschenrechte. Geschichte, Philosophie, Konflikte*, München 2021.

Armin Schäfer / Michael Zürn, *Die demokratische Regression*, Berlin 2021.

BUCHVERÖFFENTLICHUNGEN VON GERHART BAUM (AUSWAHL):

Auf und Ab der Liberalen. Von 1848 bis heute, Gerlingen (zusammen mit Peter Juling).

Der Baum und der Hirsch. Deutschland von der liberalen Seite, Berlin 2016 (zusammen mit Burkhard Hirsch).

Deutsche Innenpolitik. Der Staat auf dem Weg zum Bürger, Düsseldorf 1980.

Freiheit. Ein Appell, München / Salzburg 2021.

Meine Wut ist jung. Bilanz eines politischen Lebens, München 2012.

Menschenrechtsschutz in der Praxis der Vereinten Nationen, hrsg. von Gerhart Baum, Eibe Riedel, Michael Schaefer, Baden-Baden 1989.

Der Minister und der Terrorist. Gespräche zwischen Gerhart Baum und Horst Mahler, Hamburg 1980.

Rettet die Grundrechte. Bürgerfreiheit contra Sicherheitswahn – eine Streitschrift, Köln 2008 (übersetzt ins Russische, Ukrainische, Georgische und Türkische).

DIE ALLGEMEINE ERKLÄRUNG DER MENSCHENRECHTE

Resolution der Generalversammlung 217 A (III)
Allgemeine Erklärung der Menschenrechte

PRÄAMBEL

Da die Anerkennung der angeborenen Würde und der gleichen und unveräußerlichen Rechte aller Mitglieder der Gemeinschaft der Menschen die Grundlage von Freiheit, Gerechtigkeit und Frieden in der Welt bildet,

da die Nichtanerkennung und Verachtung der Menschenrechte zu Akten der Barbarei geführt haben, die das Gewissen der Menschheit mit Empörung erfüllen, und da verkündet worden ist, daß einer Welt, in der die Menschen Rede- und Glaubensfreiheit und Freiheit von Furcht und Not genießen, das höchste Streben des Menschen gilt,

da es notwendig ist, die Menschenrechte durch die Herrschaft des Rechtes zu schützen, damit der Mensch nicht gezwungen wird, als letztes Mittel zum Aufstand gegen Tyrannei und Unterdrückung zu greifen,

da es notwendig ist, die Entwicklung freundschaftlicher Beziehungen zwischen den Nationen zu fördern,

da die Völker der Vereinten Nationen in der Charta ihren Glauben an die grundlegenden Menschenrechte, an die Würde und den Wert der menschlichen Person und an die Gleichberechtigung von Mann und Frau erneut bekräftigt und beschlossen haben, den sozialen Fortschritt und bessere Lebensbedingungen in größerer Freiheit zu fördern,

da die Mitgliedstaaten sich verpflichtet haben, in Zusammenarbeit mit den Vereinten Nationen auf die allgemeine Achtung und Einhaltung der Menschenrechte und Grundfreiheiten hinzuwirken,

da ein gemeinsames Verständnis dieser Rechte und Freiheiten von

größter Wichtigkeit für die volle Erfüllung dieser Verpflichtung ist,

verkündet die Generalversammlung

diese Allgemeine Erklärung der Menschenrechte als das von allen Völkern und Nationen zu erreichende gemeinsame Ideal, damit jeder einzelne und alle Organe der Gesellschaft sich diese Erklärung stets gegenwärtig halten und sich bemühen, durch Unterricht und Erziehung die Achtung vor diesen Rechten und Freiheiten zu fördern und durch fortschreitende nationale und internationale Maßnahmen ihre allgemeine und tatsächliche Anerkennung und Einhaltung durch die Bevölkerung der Mitgliedstaaten selbst wie auch durch die Bevölkerung der ihrer Hoheitsgewalt unterstehenden Gebiete zu gewährleisten.

ARTIKEL 1

Alle Menschen sind frei und gleich an Würde und Rechten geboren. Sie sind mit Vernunft und Gewissen begabt und sollen einander im Geiste der Brüderlichkeit begegnen.

ARTIKEL 2

Jeder hat Anspruch auf alle in dieser Erklärung verkündeten Rechte und Freiheiten, ohne irgendeinen Unterschied, etwa nach Rasse, Hautfarbe, Geschlecht, Sprache, Religion, politischer oder sonstiger Anschauung, nationaler oder sozialer Herkunft, Vermögen, Geburt oder sonstigem Stand. Des weiteren darf kein Unterschied gemacht werden auf Grund der politischen, rechtlichen oder internationalen Stellung des Landes oder Gebietes, dem eine Person angehört, gleichgültig ob dieses unabhängig ist, unter Treuhandschaft steht, keine Selbstregierung besitzt oder sonst in seiner Souveränität eingeschränkt ist.

ARTIKEL 3

Jeder hat das Recht auf Leben, Freiheit und Sicherheit der Person.

ARTIKEL 4

Niemand darf in Sklaverei oder Leibeigenschaft gehalten werden; Sklaverei und Sklavenhandel in allen ihren Formen sind verboten.

ARTIKEL 5

Niemand darf der Folter oder grausamer, unmenschlicher oder erniedrigender Behandlung oder Strafe unterworfen werden.

ARTIKEL 6

Jeder hat das Recht, überall als rechtsfähig anerkannt zu werden.

ARTIKEL 7

Alle Menschen sind vor dem Gesetz gleich und haben ohne Unterschied Anspruch auf gleichen Schutz durch das Gesetz. Alle haben Anspruch auf gleichen Schutz gegen jede Diskriminierung, die gegen diese Erklärung verstößt, und gegen jede Aufhetzung zu einer derartigen Diskriminierung.

ARTIKEL 8

Jeder hat Anspruch auf einen wirksamen Rechtsbehelf bei den zuständigen innerstaatlichen Gerichten gegen Handlungen, durch die seine ihm nach der Verfassung oder nach dem Gesetz zustehenden Grundrechte verletzt werden.

ARTIKEL 9

Niemand darf willkürlich festgenommen, in Haft gehalten oder des Landes verwiesen werden.

ARTIKEL 10

Jeder hat bei der Feststellung seiner Rechte und Pflichten sowie bei einer gegen ihn erhobenen strafrechtlichen Beschuldigung in voller Gleichheit Anspruch auf ein gerechtes und öffentliches Verfahren vor einem unabhängigen und unparteiischen Gericht.

ARTIKEL 11

1. Jeder, der einer strafbaren Handlung beschuldigt wird, hat das Recht, als unschuldig zu gelten, solange seine Schuld nicht in einem öffentlichen Verfahren, in dem er alle für seine Verteidigung notwendigen Garantien gehabt hat, gemäß dem Gesetz nachgewiesen ist.

2. Niemand darf wegen einer Handlung oder Unterlassung verurteilt werden, die zur Zeit ihrer Begehung nach innerstaatlichem oder internationalem Recht nicht strafbar war. Ebenso darf keine schwerere Strafe als die zum Zeitpunkt der Begehung der strafbaren Handlung angedrohte Strafe verhängt werden.

ARTIKEL 12

Niemand darf willkürlichen Eingriffen in sein Privatleben, seine Familie, seine Wohnung und seinen Schriftverkehr oder Beeinträchtigungen seiner Ehre und seines Rufes ausgesetzt werden. Jeder hat Anspruch auf rechtlichen Schutz gegen solche Eingriffe oder Beeinträchtigungen.

ARTIKEL 13

1. Jeder hat das Recht, sich innerhalb eines Staates frei zu bewegen und seinen Aufenthaltsort frei zu wählen.
2. Jeder hat das Recht, jedes Land, einschließlich seines eigenen, zu verlassen und in sein Land zurückzukehren.

ARTIKEL 14

1. Jeder hat das Recht, in anderen Ländern vor Verfolgung Asyl zu suchen und zu genießen.
2. Dieses Recht kann nicht in Anspruch genommen werden im Falle einer Strafverfolgung, die tatsächlich auf Grund von Verbrechen nichtpolitischer Art oder auf Grund von Handlungen erfolgt, die gegen die Ziele und Grundsätze der Vereinten Nationen verstoßen.

ARTIKEL 15

1. Jeder hat das Recht auf eine Staatsangehörigkeit.
2. Niemandem darf seine Staatsangehörigkeit willkürlich entzogen noch das Recht versagt werden, seine Staatsangehörigkeit zu wechseln

ARTIKEL 16

1. Heiratsfähige Männer und Frauen haben ohne jede Beschränkung auf Grund der Rasse, der

Staatsangehörigkeit oder der Religion das Recht, zu heiraten und eine Familie zu gründen. Sie haben bei der Eheschließung, während der Ehe und bei deren Auflösung gleiche Rechte.

2. Eine Ehe darf nur bei freier und uneingeschränkter Willenseinigung der künftigen Ehegatten geschlossen werden.

3. Die Familie ist die natürliche Grundeinheit der Gesellschaft und hat Anspruch auf Schutz durch Gesellschaft und Staat.

ARTIKEL 17

1. Jeder hat das Recht, sowohl allein als auch in Gemeinschaft mit anderen Eigentum innezuhaben.

2. Niemand darf willkürlich seines Eigentums beraubt werden.

ARTIKEL 18

Jeder hat das Recht auf Gedanken-, Gewissens- und Religionsfreiheit; dieses Recht schließt die Freiheit ein, seine Religion oder seine Weltanschauung zu wechseln, sowie die Freiheit, seine Religion oder seine Weltanschauung allein oder in Gemeinschaft mit anderen, öffentlich oder privat durch Lehre, Ausübung, Gottesdienst und Kulthandlungen zu bekennen.

ARTIKEL 19

Jeder hat das Recht auf Meinungsfreiheit und freie Meinungsäußerung; dieses Recht schließt die Freiheit ein, Meinungen ungehindert anzuhängen sowie über Medien jeder Art und ohne Rücksicht auf Grenzen Informationen und Gedankengut zu suchen, zu empfangen und zu verbreiten.

ARTIKEL 20

1. Alle Menschen haben das Recht, sich friedlich zu versammeln und zu Vereinigungen zusammenzuschließen.

2. Niemand darf gezwungen werden, einer Vereinigung anzugehören.

ARTIKEL 21

1. Jeder hat das Recht, an der Gestaltung der öffentlichen Angelegenheiten seines Landes unmittelbar oder durch frei gewählte Vertreter mitzuwirken.

2. Jeder hat das Recht auf gleichen Zugang zu öffentlichen Ämtern in seinem Lande.

3. Der Wille des Volkes bildet die Grundlage für die Autorität der öffentlichen Gewalt; dieser Wille muß durch regelmäßige, unverfälschte, allgemeine und gleiche Wahlen mit geheimer Stimmabgabe oder einem gleichwertigen freien Wahlverfahren zum Ausdruck kommen.

ARTIKEL 22

Jeder hat als Mitglied der Gesellschaft das Recht auf soziale Sicherheit und Anspruch darauf, durch innerstaatliche Maßnahmen und internationale Zusammenarbeit sowie unter Berücksichtigung der Organisation und der Mittel jedes Staates in den

Genuß der wirtschaftlichen, sozialen und kulturellen Rechte zu gelangen, die für seine Würde und die freie Entwicklung seiner Persönlichkeit unentbehrlich sind.

ARTIKEL 23

1. Jeder hat das Recht auf Arbeit, auf freie Berufswahl, auf gerechte und befriedigende Arbeitsbedingungen sowie auf Schutz vor Arbeitslosigkeit.
2. Jeder, ohne Unterschied, hat das Recht auf gleichen Lohn für gleiche Arbeit.
3. Jeder, der arbeitet, hat das Recht auf gerechte und befriedigende Entlohnung, die ihm und seiner Familie eine der menschlichen Würde entsprechende Existenz sichert, gegebenenfalls ergänzt durch andere soziale Schutzmaßnahmen.
4. Jeder hat das Recht, zum Schutze seiner Interessen Gewerkschaften zu bilden und solchen beizutreten.

ARTIKEL 24

Jeder hat das Recht auf Erholung und Freizeit und insbesondere auf eine vernünftige Begrenzung der Arbeitszeit und regelmäßigen bezahlten Urlaub.

ARTIKEL 25

1. Jeder hat das Recht auf einen Lebensstandard, der seine und seiner Familie Gesundheit und Wohl gewährleistet, einschließlich Nahrung, Kleidung, Wohnung, ärztliche Versorgung und notwendige soziale Leistungen, sowie das Recht auf

Sicherheit im Falle von Arbeitslosigkeit, Krankheit, Invalidität oder Verwitwung, im Alter sowie bei anderweitigem Verlust seiner Unterhaltsmittel durch unverschuldete Umstände.

2. Mütter und Kinder haben Anspruch auf besondere Fürsorge und Unterstützung. Alle Kinder, eheliche wie außereheliche, genießen den gleichen sozialen Schutz.

ARTIKEL 26

1. Jeder hat das Recht auf Bildung. Die Bildung ist unentgeltlich, zum mindesten der Grundschulunterricht und die grundlegende Bildung. Der Grundschulunterricht ist obligatorisch. Fach- und Berufsschulunterricht müssen allgemein verfügbar gemacht werden, und der Hochschulunterricht muß allen gleichermaßen entsprechend ihren Fähigkeiten offenstehen.

2. Die Bildung muß auf die volle Entfaltung der menschlichen Persönlichkeit und auf die Stärkung der Achtung vor den Menschenrechten und Grundfreiheiten gerichtet sein. Sie muß zu Verständnis, Toleranz und Freundschaft zwischen allen Nationen und allen rassischen oder religiösen Gruppen beitragen und der Tätigkeit der Vereinten Nationen für die Wahrung des Friedens förderlich sein.

3. Die Eltern haben ein vorrangiges Recht, die Art der Bildung zu wählen, die ihren Kindern zuteil werden soll.

ARTIKEL 27

1. Jeder hat das Recht, am kulturellen Leben der Gemeinschaft frei teilzunehmen, sich an den Künsten zu erfreuen und am wissenschaftlichen Fortschritt und dessen Errungenschaften teilzuhaben.

2. Jeder hat das Recht auf Schutz der geistigen und materiellen Interessen, die ihm als Urheber von Werken der Wissenschaft, Literatur oder Kunst erwachsen.

ARTIKEL 28

Jeder hat Anspruch auf eine soziale und internationale Ordnung, in der die in dieser Erklärung verkündeten Rechte und Freiheiten voll verwirklicht werden können.

ARTIKEL 29

1. Jeder hat Pflichten gegenüber der Gemeinschaft, in der allein die freie und volle Entfaltung seiner Persönlichkeit möglich ist.

2. Jeder ist bei der Ausübung seiner Rechte und Freiheiten nur den Beschränkungen unterworfen, die das Gesetz ausschließlich zu dem Zweck vorsieht, die Anerkennung und Achtung der Rechte und Freiheiten anderer zu sichern und den gerechten Anforderungen der Moral, der öffentlichen Ordnung und des allgemeinen Wohles in einer demokratischen Gesellschaft zu genügen.

3. Diese Rechte und Freiheiten dürfen in keinem Fall im Widerspruch zu den Zielen und Grundsätzen der Vereinten Nationen ausgeübt werden.

ARTIKEL 30

Keine Bestimmung dieser Erklärung darf dahin ausgelegt werden, daß sie für einen Staat, eine Gruppe oder eine Person irgendein Recht begründet, eine Tätigkeit auszuüben oder eine Handlung zu begehen, welche die Beseitigung der in dieser Erklärung verkündeten Rechte und Freiheiten zum Ziel hat.

»Ein großartiges Panorama europäischen Musiklebens.«
Frankfurter Allgemeine Zeitung

»Geschickt, dicht, ja fast in beethoveschem Tempo
verknüpft sie Biographisches mit Werkkommentaren in
weniger musikwissenschaftlichem, sondern
feuilletonistischem Jargon.«
Deutschlandfunk

ELEONORE BÜHNING
WOLFGANG RIHM - ÜBER DIE LINIE
344 Seiten · Hardcover mit Schutzumschlag
14,5 × 21 cm · ISBN: 978-3-7109-0147-8
€ 24,00 / CHF 33.90 (UVP)

Die in diesem Band versammelten Kurztexte von Viktor
Frankl zeigen, wie der Mensch in Zeiten der Entscheidung
und der Krise bestehen kann. Denn auch wenn die Ver-
hältnisse ausweglos scheinen, so bleibt in jeder Lebens-
situation die Möglichkeit, sich für eine sinnorientierte
Haltung zu entscheiden. Eine ermutigende Botschaft,
aktueller denn je.

»Viele Erkenntnisse, die in Frankls Schriften stecken, sind
von zeitloser Gültigkeit.«

Elisabeth Lukas

VIKTOR FRANKL
WOLFGANG RIHM - ÜBER DIE LINIE
264 Seiten · Hardcover
12×21cm · ISBN: 978-3-7109-0159-1
€ 24,00 / CHF 33.90 (UVP)